ESCAMOTEUR

Un estudio sobre el Cono y la Bola

RICARDO HARADA

ESCAMOTEUR

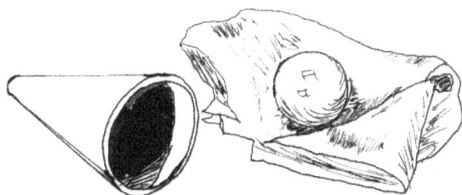

Un estudio sobre el Cono y la Bola

1ª edición

Campinas
Ricardo Godoy Harada
2016

Escamoteur: Un estudio sobre el Cono y la Bola
Ricardo Godoy Harada
Printed in USA, 2016
Copyright (c) 2016 by Ricardo Godoy Harada

ISBN: 978-153318903

Editor
Ricardo Godoy Harada

Ilustraciones
Ricardo Godoy Harada

Prólogo
Roberto Mansilla

Traducción al español y revisión
Antonio Iturra

portada
Diogo Chiuso

Todos los derechos de esta edición pertenecen a
Ricardo Godoy Harada
Rua Dona Rosa de Gusmão, 793
CEP: 13073-141 – Campinas – SP
Brasil
Tel: 55 19 3381-7706
e-mail: ricardo-harada@hotmail.com

Índice

ÍNDICE...5
   Agradecimientos...7

PRÓLOGO...9

INTRODUCCIÓN...13

MATERIALES...17
   El cono...17
   La varita...21
   El pañuelo..21
   Servante de faja..22
   Servante de Bolsillo..24

TÉCNICA...27
   Empalme clásico...28
   Empalme de presión anular..28
   Empalme Tenkai o empalme de pulgar...........................29
   Empalme de los dedos...30
   Cupping de Roy Benson...31
   Cupping con los dedos extendidos...................................32
   Mano cerrada con apoyo del dedo medio........................32
   Harada Grip..34

EL PASE BÁSICO DE DAI VERNON.......................................37

CARGA SECRETA DE LA BOLA AL INTERIOR DEL CONO45

GIRO: MOSTRANDO EL CONO VACÍO....................................47

APARICIÓN DE UNA BOLA BAJO EL CONO I: PASE
INVERSO DE DAI VERNON...49

APARICIÓN DE UNA BOLA BAJO EL CONO II: CARGA POR
LA PARTE SUPERIOR...51

PRODUCCIÓN DE LA BOLA EN LA PARTE SUPERIOR DEL
CONO...55

EFECTO EMBUDO: PENETRACIÓN DE LA BOLA A TRAVÉS DE LA PARTE SUPERIOR DEL CONO 57

DESAPARICIÓN DE UNA BOLA CON AYUDA DE UNA VARITA 61

TRANSPOSICIÓN INVISIBLE DE LA BOLA 67

TRANSPOSICIÓN GRADUAL DE UNA BOLA 77

CARGA SECRETA EN EL CUERPO CON EL GRAVITY BALL HOLDER 87
    Gravity Ball Holder 87
    Carga secreta: Primera versión 90
    Segunda versión 92

DESAPARICIÓN CRUZADA: VERSIÓN I 95

DESAPARICIÓN CRUZADA: VERSIÓN II 103

DESAPARICIÓN "PERFECTA" 111

DESAPARICIÓN "PERFECTA" USANDO UNA VARITA..115

DESAPARICIÓN "PERFECTA" CON UN PAÑUELO 121

PRODUCCIÓN GRADUAL DE UNA BOLA 125

VERNON VANISH VARIATION 135

LEIPZIG DROP VARIATION 141

BOLA QUE SE REDUCE 147

PRINCIPIOS Y FUNDAMENTOS DE UNA RUTINA 153
    Principio: presentación 155
    Medio: desarrollo 157
    Clímax y Final 162
    Consideraciones finales: claridad y significado 163
    Ejemplos de rutinas con los efectos de este libro 165

BIBLIOGRAFIA Y REFERENCIAS EXTERNAS 169
    Sobre el Cono y la Bola 169
    DVD y VHS 170
    Performances 170
    Referencias bibliográficas 170

Agradecimientos

Agradezco inmensamente a mis padres, por la ayuda y paciencia ilimitada; a mi amigo Antonio Iturra, por traducir este libro a la lengua española; a Luis Albornoz Cortés, por la oportunidad de estrenar en su prestigioso festival el acto *"Escamoteur"*, como también la conferencia que originó este libro. Agradezco también a Michel, Mago Mai, Tina Lenert, Mike Caveney, Mago Migue, Rick Thibau, Diogo Chiuso, Mariana Chiuso, Ana Dias, Centro Mágico Platense y a todos los que de alguna forma contribuyeron al desarrollo de esta cruzada. Finalmente, este libro no existiría sin el incentivo y apoyo de mi querido amigo Roberto Mansilla, que acompañó todo el desarrollo del estudio y del acto desde el inicio. Sin su motivación y ayuda jamás habría escrito este libro.

PRÓLOGO

por Roberto Mansilla

El "**Cono y la Bola**" de **Dai Vernon** es una de esas rutinas de culto que atraen por su belleza y originalidad, pero que muy pocos se animan a transitar. Posee ese nivel de seducción que obliga a querer saber todo sobre ella, que nos incentiva a urgar en sus posibilidades y a completar lo incompleto que parecería tener. Cuando Vernon publicó los pases de sus rutina en 1957 ("*The Dai Vernon Book of Magic*"), dejó una puerta abierta.

Ricardo Harada, decidió entrar por ella.

Primero transitó la TÉCNICA, se fue hasta lo más profundo, revisó opciones, estudió los clásicos, las obras olvidadas del pasado; ensayó mucho, fabricó lo que tenía que fabricar y consolidó, así, un vasto suplemento de herramientas que le permitieron (y nos permitirán) ampliar las combinaciones y efectos posibles con el "Cono y la Bola".

Alguno de mis preferidos son: el uso de los principios de Slydini para la desaparición "perfecta" de una bola; su cargador tan simple como efectivo; la variación de la *Desaparición de la Bola en el Pañuelo* de Vernon y el uso de las bolas trucadas de disminución.

Pero hay mucho más. Este conjunto de técnicas y artimañas le permitieron a Ricardo no sólo evolucionar algunos pases, sino crear nuevos EFECTOS: la aparición gradual de una bola bajo el pañuelo, la desaparición perfecta de la bola y el viaje gradual de una bola bajo el Cono son algunos de ellos. Les juro que yo vi realmente florecer esa bola de la nada, la vi realmente disminuirse hasta entrar en el cono y volatilizarse por completo. Así, tal como suena.

Pero hay mucho más. Porque con esta serie de técnicas y efectos, Ricardo armó una RUTINA maravillosa, una rutina que no es producto de la simple concatenación de efectos puestos al azar, sino de un análisis y una reflexión meticulosa que tan bien se puede apreciar en el capítulo sobre "**Principios y Fundamentos de una Rutina**".

Como él nos dice en la Introducción, este libro es el registro de toda su investigación para el desarrollo de su rutina "El Escamoteador". Sin embargo, esto no quiere decir que sea una explicación exclusiva del acto. Ricardo prefirió salirse de allí, para poder incorporar pases y sutilezas que quedaron fuera de su obra y, además, para que se pudiera entender y aplicar todo sin la necesidad de un contexto determinado. Pero cuidado, esto no quiere decir que Harada nos deje sin rutinas para hacer; al contrario, en el capítulo final del libro - tal y como sucedía en los viejos volúmenes de magia- nos apunta **tres rutinas completas**, combinando los pases y efectos explicados, entre las que está, ahora sí, la secuencia completa de "El Escamoteador".

Sobre su *poética*

Tuve la suerte de ver de cerca todo el proceso evolutivo de esta rutina, desde la intención y los primeros pases, hasta el exitoso debut en el **Festival Atacamágica 2014**. En todo ese tiempo he podido hablar mucho con él y llegar a entender desde dónde concibe Ricardo un acto así, cuáles son el conjunto de decisiones estéticas que concluyeron en él o, más precisamente, **la filosofía detrás de esas decisiones, la *Poética*.**

En una de esas tantas charlas y entrevistas que le he hecho por email para tener un registro más formal de todo lo que hablamos cuando estamos juntos, le pregunté acerca del **misterio.**"*El misterio* - me dijo entonces - *tiene una dimensión existencial y no se limita a lo imposible. Aunque conceptualmente esté relacionado con la especificidad del Ilusionismo, el misterio no es inherente a él; cuando los efectos no tienen ningún tipo de resonancia en el espectador, no hay lugar para que el misterio se manifieste. Hay que trabajar mucho para conseguirlo y, a menudo, para poder abrir el espacio y que el misterio ocurra, hay que sacrificar muchos efectos, pases, y todo* *lo que nuestro ego de mago quiere tanto. El misterio no hace concesiones".*

Ahora bien, a ese *"abrir el espacio"* hay que entenderlo literalmente. Ricardo opina que los actos musicales suelen estar saturados de efectos, que muchos tienen una cantidad innecesaria y que "en su mayoría no significan nada", o sólo sirven como "adorno para el acto". *"Si deseo que el público recuerde todo lo que hice y que sea realmente impactado con la magia* – insiste –, *debo reducir drásticamente el número de efectos y aumentar su valor y su potencia".* Para su famoso acto de **Magritte** (que, entre otras cosas le valió el prestigioso premio **Mandrake D' Or** en 2009), decidió que haría sólo cinco efectos que fueran memorables y haría lo posible por aumentar su significado y potencia. *"Cada efecto sería el centro gravitacional de una secuencia poética, con un principio, medio y final (no necesariamente en ese orden), es decir, cada efecto sería un "cuadro". Esto me permitió desarrollar aún más la naturaleza de estos efectos y las emociones despertadas en el espectador a través de ellos".*

Para su rutina de "Cono y la Bola", Ricardo aplicó los mismos criterios.

Cada fase de la rutina, cada efecto resuena en los espectadores porque saben -vibran- que están viendo la última vez que ese escamoteador fantasmal está realizando sus pases bajo la luz de la luna. Pero atención: que el sentido o significado de los efectos de magia estén dados por ese personaje de ficción, no quiere decir que estemos frente a una obra de teatro y no, a un acto de magia. No señores: **estamos en presencia de las dos**.

Así es. La tensión existente entre ambas artes (la magia y el teatro) es, de hecho, la mayor preocupación teórica ("poética") que Ricardo ha desarrollado en su Tesis Doctoral (sí, Harada es doctor en Artes Escénicas): cómo hacer para **combinarlas sin que ninguna de las dos pierda** lo mejor de sí mismo que, en el caso de la magia, es lo **imposible manifestado en el plano de la realidad fáctica** (en el aquí y ahora). La solución, según entiendo yo, la encontró haciendo que lo imposible *per se* no fuera el foco, sino aquello que "resuena", las emociones y vivencias que surgen de lo "imposible materializado". En definitiva, haciendo que **el foco esté puesto en el misterio** o, como él mismo me lo dijo en una de esas entrevistas, que la magia **"sea un vehículo para el misterio que, para Magritte, es sinónimo de poesía".**

Adéntrense amigos a este trabajo profundo y original. Echen un vistazo a uno de los magos y actos más hermosos que he tenido la posibilidad de ver.

Première del acto "Escamoteur. Festival Atacamágica, Copiapó, Chile,2014.

INTRODUCCIÓN

El libro que tienes en tus manos es un estudio sobre la manipulación de dos elementos, cuya combinación han sido muy poco exploradas a lo largo de la historia de la magia: **el cono y la bola.** Se trata de un registro de mis creaciones y variantes sobre el tema, desarrolladas a lo largo de más de ocho años de intenso trabajo creativo y reflexivo, cuya mejor parte he decidido compartir con la comunidad mágica por medio de este estudio.

El libro está compuesto de técnicas, ideas, efectos originales y variantes de algunos pases clásicos, derivados del proceso de creación de mi acto de salón titulado *"Escamoteur"*, cuyo estreno fue en 2014. Además de los efectos y técnicas utilizadas en mi acto, el libro contiene buena parte del material excedente derivado del proceso de creación, que fue presentado y refinado en mis conferencias y seminarios, para demostrar mi pensamiento acerca de los principios del arte mágico. Este libro, por lo tanto, no es un tratado sobre el cono y la bola, sino más bien un estudio, por limitarse a mi punto de vista personal acerca de la manipulación de estos elementos.

La primera parte del libro está dedicada a la descripción de los materiales y la técnica fundamental. En ella están explicados los empalmes, posiciones de las manos y pases básicos, sin los cuales no es posible realizar los efectos descritos en este libro. La segunda parte se dedica a los efectos propiamente dichos. En ella usted encontrará efectos que involucran el cono y la bola; cono, bola y varita; varita y bola; pañuelo y bola y efectos utilizando sólo una bola. Cada capítulo está dedicado a un efecto individual, que contiene su descripción, análisis y exposición detallada del *modus operandi*. El libro también cuenta con más de 250 ilustraciones para el beneficio del lector y compuesto por un ensayo teórico dedicado a los principios y la composición de rutinas. Con los efectos expuestos en la segunda parte es posible concebir ilimitadas y diferentes rutinas, por esa razón, el último capítulo no sólo expone los principios de creación y ordenación de una rutina, sino que ofrece algunos ejemplos de rutinas probadas y ejecutadas por mí a lo largo de los años. Al final del libro usted encontrará una bibliografía básica sobre el cono y la bola, además de indicaciones de fuentes externas para profundizar el estudio de este juego en particular.

T.S. Elliot, en su ensayo *"Tradición y talento individual"* dice: "Ningún poeta, ningún artista, encuentra su significado completamente solo. Su significado y el reconocimiento que hacemos de él constituye una apreciación de su relación con los poetas y artistas muertos... cuando una obra de arte aparece es, a veces, lo que ocurre simultáneamente en relación a todas las obras de arte que le preceden." No sería posible crear nada de lo que está registrado en este estudio sino fuera por el esfuerzo previo de Robert-Houdin, Dai Vernon, Burling Hull, Fred Kaps, Daniel Celma, Nate Leipzig, Cardini, Arturo de Ascanio y Juan Tamariz. Todos ellos contribuyeron – y contribuyen - para erigir un bellísimo edificio llamado Arte Mágico, que en su interior posee un pequeño y lujoso aposento dedicado a la manipulación del cono y la bola. Espero modestamente con este libro poner una pequeña piedra en el monumento que ya está firme en la tierra por esos maestros que me antecedieron y formaron.

A ellos les dedico este libro.

Ricardo Harada, Campinas, 2016

Escamoteur: Atacamágica 2014.

I

Materiales

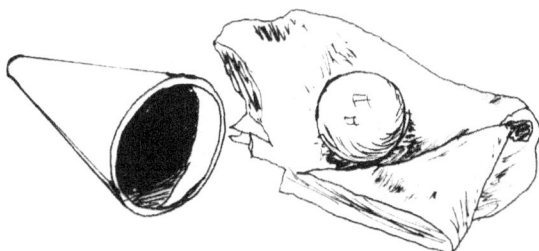

El cono

Yo utilizo un cono hecho de cuero bovino de aproximadamente 5 mm de espesor. El cono hecho en cuero es muy conveniente no sólo por su durabilidad, atractivo estético y maleabilidad, sino también pues amortigua el sonido de la bola cuando es introducida o cargada secretamente en su interior.

La fabricación de un cono de cuero no es complicado. Primero, haga un prototipo del cono en papel, pegándolo con cinta adhesiva y recortando los excesos hasta lograr el formato deseado. Despegue el cono y usted tendrá un molde de papel con la forma del cono abierto. Compre el cuero sin tratar en una zapatería o marroquinería. Corte el pedazo de cuero por el contorno del molde y recórtelo con un lápiz. Recomiendo que pida a un zapatero o a alguien que posea las herramientas adecuadas para cortar el trozo de cuero con mayor precisión.

El próximo paso es mandar a hacer un molde cónico torneado en madera (que también puede ser hecho en yeso o masa plástica) sobre el cual el cuero será moldeado después de ser humedecido en agua caliente. El agua hace flexible el cuero, susceptible a que sea moldeado alrededor del cono de madera. Presione el cuero alrededor del molde, uniéndolo con una cinta de tejido, que es enrollada en su entorno. Cuide no dejar arrugas y dobleces en el tejido, con el fin de no marcar el cuero. Una vez seco, el cuero vuelve a su estado rígido y asume la forma de cono.

Para unir los dos lados del cono, basta utilizar pegamento de contacto para zapatos. Por estar cortado y moldeado en forma de cono, no es necesario coser los lados, pues no se trata de un zapato que tendrá que aguantar las pisadas de su dueño por un largo tiempo. Tengo algunos conos con más de cinco años de uso exhaustivo que jamás se despegarán. La costura sí es necesaria si el cono fuera confeccionado en cuero muy fino, lo que no es recomendado, pues un cono demasiado flexible no es compatible con los pases descritos en el presente libro.

Las medidas externas e internas del cono están indicadas en las ilustraciones abajo y fueron definidas para el uso de bolas de snooker de 54 mm (2 1/8'') de diámetro, aunque también funciona con bolas de billar[1] de 57 mm de diámetro.

---

[1] N. del T.: Conocido también como pool.

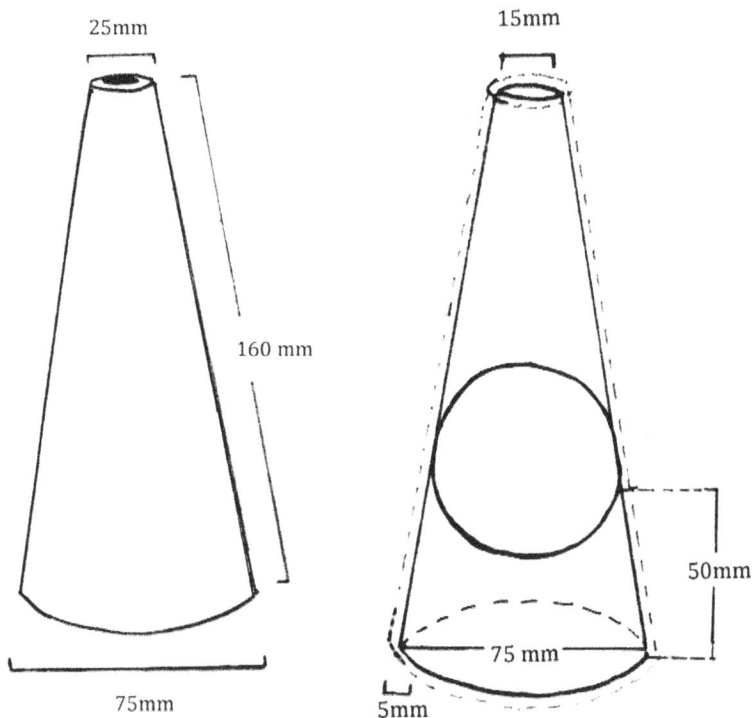

25mm

15mm

160 mm

50mm

75 mm

75mm

5mm

Pinte solamente el exterior del cono con tinta para cuero, provista en lugares especializados de materiales para zapateros. El interior del cono debe ser mantenido crudo, con su coloración natural. El color claro de la parte interna del cono debe contrastar con el color más oscuro de su exterior, pues así su interior se hará más visible cuando se muestra vacío a los espectadores. No cometa el error de pintar el interior de negro, pues el color negro anula la sensación de profundidad y de vacío que proporciona el color claro natural del cuero al interior del cono. En general, la superficie externa puede ser pintada con un color oscuro, como es el negro, marrón u otros colores vivos. Prefiero el color marrón o negro para resaltar la belleza natural del cuero.

En caso de utilizar bolas de silicona, goma u otro material flexible, es posible utilizar un cono de plástico, metal o de otro material duro. Es importante que no haya sonido resultante del choque de la bola con el interior del cono.

Empecé mis estudios fabricando conos de papel. Estos también funcionan, mientras que no sean demasiado livianos, en

19

caso contrario, no tendrán estabilidad para mantenerse en pie sobre la palma de la mano. Una idea original de Daniel Celma es la de coser un aro de metal en la boca del cono para que tenga mayor estabilidad al ser equilibrado sobre la palma de la mano izquierda. Todo depende del material disponible y las preferencias del prestidigitador. Pruebe todo y quédese con el mejor.

La bola

Utilizo bolas de snooker blancas de 54 mm de diámetro, que pueden ser fácilmente adquiridas en tiendas especializadas en artículos de juegos de mesa. Se tratan del mismo tamaño de bolas utilizadas originalmente por Dai Vernon en su rutina de cono y bola y por Cardini en su legendaria rutina de manipulación.

Si usted tiene manos grandes y quisiera experimentar con bolas más grandes, no lo dude. Roy Benson manipulaba bolas de billar de 57 mm de diámetro. Personalmente prefiero las bolas de 54 mm pues las de 57 mm generalmente aparecen entre mis dedos o sobre la base de la mano cuando son empalmadas. El criterio de elección está en la capacidad anatómica de ocultar la bola en los diversos empalmes sin que esta aparezca en los momentos en que debe permanecer oculta. Si después de un exhaustivo entrenamiento es imposible manipular apropiadamente las bolas de billar al igual que las de snooker, pruebe con una bola más pequeña. Pero no debe dejarse llevar por el camino más fácil y cómodo, pues cuanto mayor sea el tamaño de la bola, mejor es para la visibilidad de la rutina. Cambie sólo cuando tenga la certeza de que el problema es la bola y no usted.

El color es a criterio del performer. Prefiero las bolas blancas por su visibilidad a grandes distancias.

Las bolas de snooker reales, al contrario de las bolas de silicona, poseen características específicas que fueron determinantes para la creación de los pases expuestos en este libro, como el peso, la textura y el sonido producido por ellas al ser chocadas con otros objetos sólidos. Algunos pases pueden hasta ser adaptados para otros tipos de bolas, como las bolas de madera, silicona, goma o hasta el mismo plástico. Sin embargo, la mayoría de los pases explicados aquí dependen de las propiedades inherentes en la bola de snooker para que funcionen plenamente.

Una bola pesada puede ser un obstáculo cuando se hace una rutina de manipulación de bolas, pues retenerlas entre los dedos, como también realizar giros y transferencias entre las falanges exigen al prestidigitador años de práctica tortuosa. Pero en el caso específico de la rutina con el cono y la bola la situación es bien diversa: el peso y la textura de la bola de snooker son valiosos aliados que posibilitan milagros imposibles de realizarse con una bola liviana o de goma.

La varita

Utilizo una varita de madera de 45 cm de longitud y 1 cm de diámetro. Esta es mayor que la longitud estándar de las varitas encontradas en el mercado mágico – con una media de 35 cm de longitud – esta medida agrega mayor distancia entre mis manos y el cono durante diversos pases, además de ser más visible en un teatro. Use la varita de su preferencia, teniendo en cuenta que la medida de su extensión sea mayor que la altura del cono y su diámetro sea fino o suficiente para pasar holgadamente por el orificio del tope del cono.

El pañuelo

Para los pases descritos en este libro utilizo un pañuelo de seda de 60 x 60 cm. Pueden probarse pañuelos confeccionados con otros tejidos, aunque el pañuelo de seda cumple perfectamente esta función. El color del pañuelo debe contrastar con el color de la bola, para no ser confundida con este. También deben evitarse estampados que perjudiquen la visibilidad de la bola y de los demás objetos utilizados. La claridad y simpleza es lo esencial para este tipo de rutina, pues su naturaleza es predominantemente visual.

El pañuelo no puede ser transparente o demasiado translúcido, pues esto arruinaría algunos efectos descritos en este libro. Evite pañuelos con colores oscuros, como negro, azul marino, etc., dado que cuando se utilizan bolas blancas estas se hacen visibles a través del pañuelo. Para evitar eso, prefiera colores verdes, amarillos o con una tonalidad más clara, pues ayudan a cubrir la bola.

Experimente con varios y escoja el más adecuado a sus necesidades.

Servante de faja

El *servante* de faja o *servante* de chaleco fue creado en el siglo XIX por David Devant y descrito por primera vez en el libro "*Later Magic*" de Professor Hoffman[2] (pág. 27). Tommy Wonder creó una excelente versión que puede ser estudiada en la página 226 del volumen II de "*El libro de las maravillas*"[3].

El servante que utilizo es una adaptación del modelo creado por Wonder, con pequeñas alteraciones en su material y sus dimensiones. A diferencia del servante original, que se destina a objetos pequeños, como relojes, monedas, etc., el modelo descrito abajo fue desarrollado por mí para ocultar una o así mismo dos bolas de billar en su interior.

Este está hecho con una lámina de metal recortada y revestida en ambos lados con una fina espuma de goma EVA negra. La goma EVA (etileno-vinil-acetato) elimina el ruido de los objetos lanzados al interior del servante, además de mantener el tejido del cinturón extendido en su debido lugar, pues este se encogería y se arrugaría en caso de que la superficie exterior del servante fuera lisa o sólo de metal. La parte inferior tiene un excedente de EVA proveniente de la lámina unida en la parte frontal del servante; esta debe ser doblada y unida en las extremidades laterales, formando un pequeño bolsillo, para retener objetos menores evitando que caigan dentro de los pantalones (ver *figura 1*).

El metal permite ajustar la curvatura del servante de acuerdo a las necesidades del prestidigitador.

Sus medidas son 13 cm de altura por 23 de longitud en su parte más larga. La longitud de la base del servante, que es más

---

[2] HOFFMAN, Professor. *Later Magic*. London: Routledge, 1904.

[3] WONDER, Tommy e MINCH, Stephen. *El Libro de Las Maravillas II*. Madrid: Páginas, 2003.

estrecha, tiene 19 cm. Observe que la lámina de metal está cortada sin aristas, con los cantos redondeados.

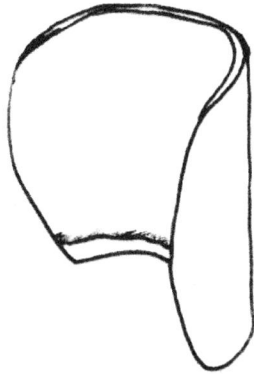

1.

Inserte el servante dentro del cinturón (modelo clásico de Smoking) y por debajo del cinturón como muestran las figuras 2 y 3. El cinturón toma el servante en su debido lugar y mantiene la parte superior abierta para recibir secretamente los objetos. La abertura varía de acuerdo a la posición de la pelvis y el ángulo de la columna en relación al suelo.

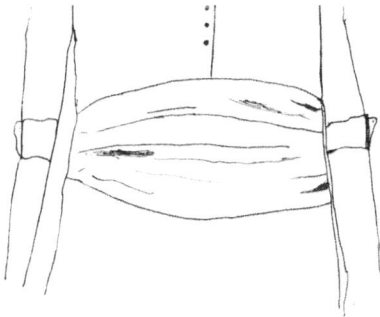

2.

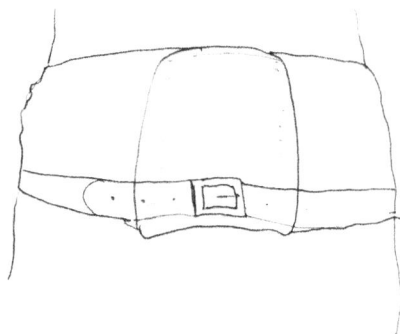

3.

Este *servante* es una de las grandes invenciones poco exploradas e incluso olvidada por los magos en general. Las ventajas de este *servante* son innumerables: por situarse al frente del cuerpo no exige movimientos laterales de cuerpo para deshacerse de un objeto, como es el caso del *profonde*. La gravedad se encarga de ocultar el objeto, bastando simplemente su peso para que caiga oculto en su interior, o sea, su función es equivalente a la de una mesa para la realización del *lapping*[4]. Por otra parte, casi todas las técnicas de *lapping* pueden ser adaptadas para el uso de este *servante*, permitiendo realizar los mismos milagros de pie y sin la cobertura de una mesa. Finalmente, es posible también utilizarlo para obtener secretamente objetos, lo que aumenta su versatilidad.

Servante de Bolsillo

Conocí el *servante* de bolsillo gracias a mi amigo Roberto Mansilla. Cuando estaba esbozando los pases contados en este libro, Roberto me mostró esta posibilidad que luego incorporé en mi rutina de salón y close-up.

El principio es exactamente el mismo del *servante* de cinturón, sólo que está localizado en el bolsillo pectoral del chaleco. Se trata de un espaciador que mantiene el bolsillo abierto para recibir objetos a ser descargados secretamente.

---

[4] Para un estudio en profundidad de los principios del *lapping*, ver los capítulos 1 y 2 de "The Annotated Magic of Slydini" de Lewis Ganson.

Desarrollé este espaciador específicamente para ocultar secretamente una bola de billar. Este modelo ha demostrado resultados muy satisfactorios y su confección es muy simple.

Recorte una botella de plástico PET (politereftalato de etileno) y haga un cilindro de 5 cm de altura, cuya circunferencia de boca tenga aproximadamente 58 mm de diámetro. Pegue con cinta adhesiva y envuelva su interior con papel gamuza, para que el servante no se escape del bolsillo. Si fuera necesario, pinte con tinta negra su parte interna. Inserte el cilindro en el bolsillo y pruebe su tamaño soltando una bola de snooker en su interior. La bola debería caer libremente dentro del bolsillo.

Este será utilizado más adelante para algunos efectos descritos en este libro. Este también es un óptimo sustituto para el servante de cinturón, en caso que el prestidigitador prescinda de uno.

II

Técnica

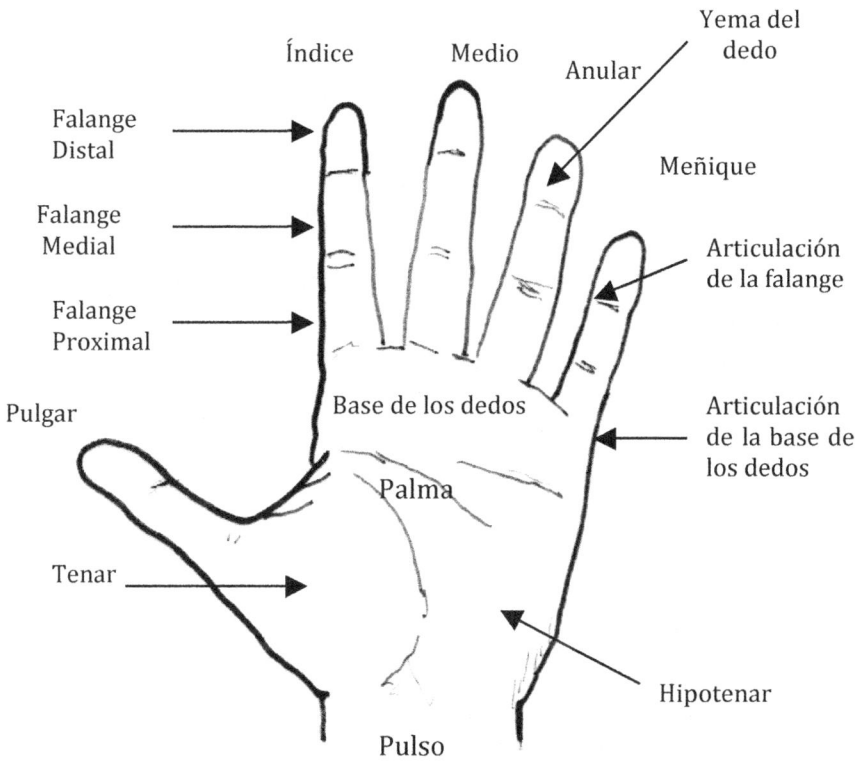

Índice   Medio   Anular   Yema del dedo

Meñique

Falange Distal

Falange Medial

Falange Proximal

Articulación de la falange

Pulgar

Base de los dedos

Articulación de la base de los dedos

Palma

Tenar

Hipotenar

Pulso

Empalme clásico

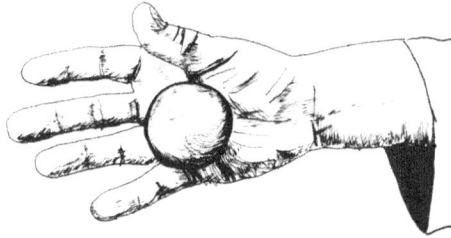

En el empalme clásico la bola queda oculta en el centro de la palma de la mano, sostenida por la presión del tenar y hipotenar. Los dedos están relativamente libres para moverse, aunque el dorso de la mano asume una posición un poco rígida y antinatural, debido al peso y tamaño de la bola de snooker. Sin embargo, este empalme es muy efectivo y conveniente cuando es hecho con bolas más livianas. Aunque no sea muy utilizado en los pases de este libro, su dominio es imprescindible para la ejecución de otros empalmes y posiciones expuestas más adelante.

Empalme de presión anular

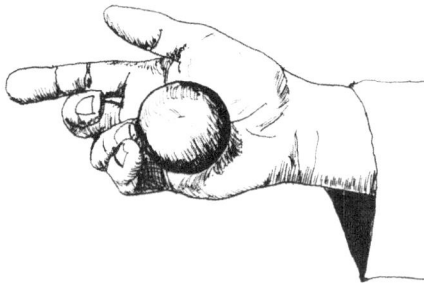

En este empalme la bola es sostenida por la presión de la yema de la falange distal del dedo anular sobre la superficie de la bola, que a su vez está apoyada contra el centro de la palma de la mano. Diferente del empalme clásico, este empalme es hecho en una posición más natural, y sin ningún tipo de tensión en los músculos del tenar e hipotenar. El dedo anular sólo se apoya para sostener la bola, dejando los otros dedos libres para moverse. Es posible también alternar el apoyo entre los dedos medio, meñique e índice, dependiendo de la necesidad del pase en una situación dada. Este empalme será esencial para cargar secretamente la bola en el interior del cono y para muchas otras finalidades.

Empalme *Tenkai* o empalme de pulgar

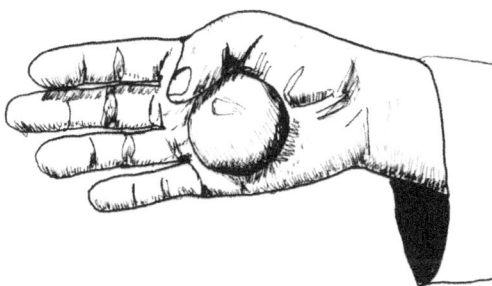

1.

El empalme Tenkai será utilizado en la mayoría de los pases de este libro, y por tanto su dominio es imprescindible. El empalme Tenkai, así como el empalme de presión anular, son los empalmes más adecuados para ocultarse con naturalidad y soltura con bolas de billar reales.

La bola es sostenida por la presión de la yema del pulgar sobre la bola, que a su vez está apoyada contra la región central de la palma de la mano. Los demás dedos están libres para realizar movimientos y así mismo para tomar o manipular objetos, como por ejemplo una varita. La libertad de los dedos y la ausencia de fuerza aplicada por los músculos de la palma de la mano, dejan el dorso de la mano completamente sin tensión y natural, al contrario del empalme clásico y de presión anular. Su único inconveniente es el hecho de que el pulgar queda oculto en todo momento a la vista del público. Es por esa razón, como ya dijimos en la introducción de este capítulo, que es importante intercambiar los distintos tipos de empalmes de acuerdo a la situación, con el fin de actuar como si la mano estuviese realmente vacía.

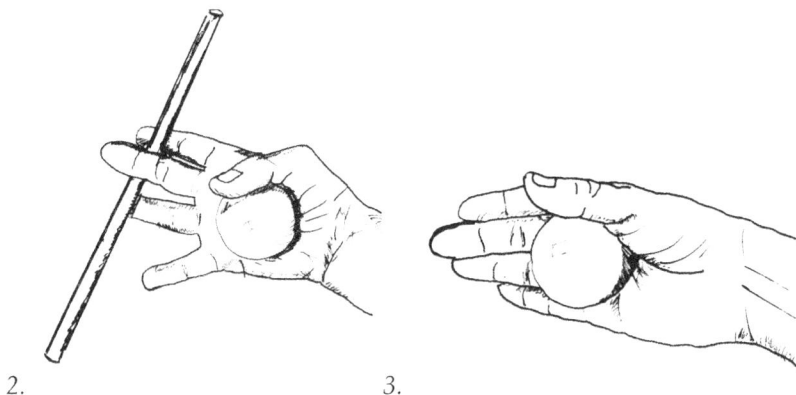

2. 3.

Observe en la *figura 2* la posición de empalme Tenkai con os dedos abiertos y extendidos. En la *figura 3,* el mismo empalme con los dedos cerrados.

Empalme de los dedos

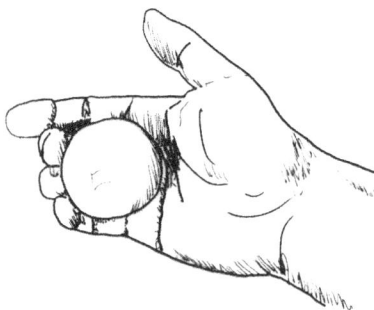

En el empalme de los dedos la bola queda sostenida por las falanges de los dedos medio, anular y meñique, apoyándose también sobre la yema de la base de los dedos. La ilustración habla por sí misma.

Cupping de Roy Benson

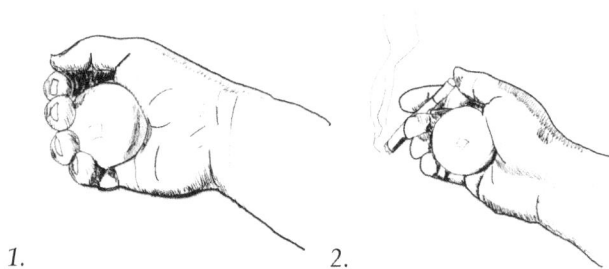

1.
2.

El empalme *"Cupping"* fue creado por Roy Benson y era utilizado en su famosa rutina de manipulación de bolas de billar. Como utilizada bolas de 57 mm y actuaba en locales con pésimos ángulos de visión, Benson tuvo que desarrollar un nuevo tipo de empalme que fuese eficiente para estas ocasiones y adecuado para el uso de bolas más grandes. Para solucionar el problema, Benson desarrolló esta posición (ver las *figuras 1 y 2*) en la que la bola está envuelta completamente por los dedos. Al poner la mano contra el cuerpo, la bola está completamente cubierta, independiente del ángulo del espectador. Como Benson utilizaba un cigarrillo en su rutina, la mano estaba todavía más natural cuando sostenía el cigarrillo entre el índice y medio.

Aunque este empalme específico no sea utilizado en este libro, su conocimiento es necesario pues el próximo empalme es un derivado de este: *el cupping con los dedos extendidos*.

Cupping con los dedos extendidos

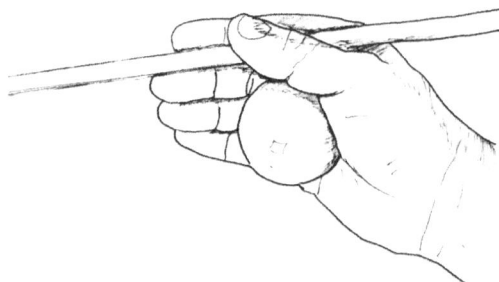

Se trata de la misma posición y del mismo grupo de músculos empleados en el empalme descrito anteriormente, con la diferencia de que los dedos están extendidos y unidos. La presión sutil del tenar y del hipotenar, en conjunto con las falanges proximales de estos dedos son los responsables de la retención de la bola. Este empalme debe ser utilizado específicamente cuando se sostiene una varita en la posición indicada por la ilustración, o cuando se sostiene la punta de un pañuelo entre el pulgar y la falange distal del índice. Su principal característica es tener una amplia cobertura visual además de dejar el pulgar libre para retener objetos pequeños.

Mano cerrada con apoyo del dedo medio

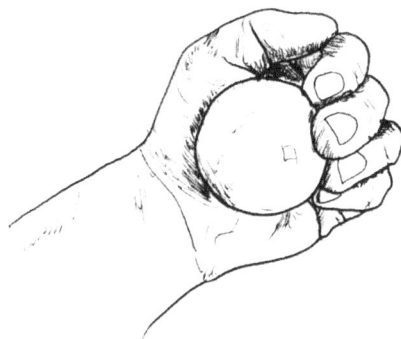

1.

En esta posición, la mano simula contener una bola en su interior, momentos antes de hacerla desaparecer. Con la mano aparentemente cerrada la bola está libre para ser robada, transferida o descargada en cualquier momento, sin que haya cualquier movimiento sospechoso. En el instante en que la bola es descartada o retirada secretamente, la mano permanece inalterada, dando la impresión de que jamás se abrió.

Después de depositar la bola sobre la palma de la mano izquierda, ciérrela normalmente ocultando la bola. Gire el puño en sentido anti horario de modo que las uñas de los dedos y la palma de su mano queden giradas hacia usted, paralelos a su cuerpo y en 90° en relación al piso. En el mismo instante en que el puño gira y los dedos se cierran para ocultar la bola, apoye con la punta del dedo medio el lado de la bola, de modo que esta ruede del centro de la palma a la región entre los músculos del tenar e hipotenar (observe nuevamente la *figura 1*). Al rodar la bola hacia esta posición, el apoyo de la bola se transferirá automáticamente a la yema de las falanges distales de los dedos medio y anular, como así también para el tenar e hipotenar. Observe la posición y los apoyos vistos desde arriba en la *figura 2*.

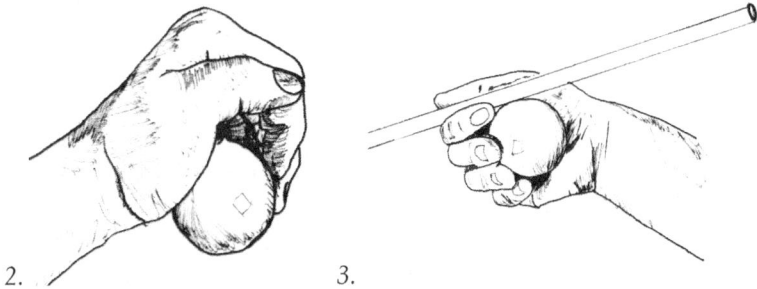

2.   3.

Para liberar la bola, basta soltar levemente la presión ejercida por las puntas de los dedos. Con esto no habrá movimiento extraño alguno en la mano en el instante en que la bola sea liberada de su interior.

La *figura 3* muestra otra posibilidad que será explorada más adelante en el libro. Esta posición sirve no solamente para descargar el objeto, sino también para retenerlo secretamente cuando se está sosteniendo una varita.

Esta posición es útil para pases clásicos como el *"Vernon Wand Spin"* o el *"Leipzig Drop Move"*, etc. Exploraremos más adelante en este libro sus múltiples aplicaciones.

Harada Grip

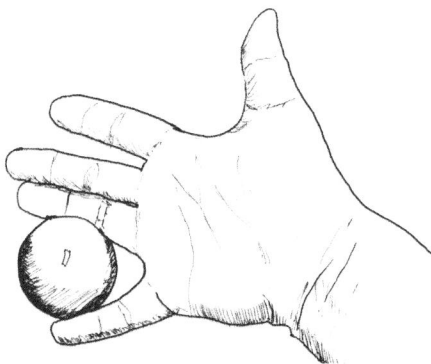

1.

Esta posición fue descubierta por mí de casualidad, cuando entrenaba hacer rodar la bola entre los dedos. La función de esta posición un tanto extraña es la de ocultar secretamente la bola al mismo tiempo en que se muestran las palmas de las manos completamente vacías. La posición consiste en retener la bola entre la parte lateral interior de la unión de la falange distal del dedo meñique y la falange medial del dedo anular como se muestra en la *figura 1*.

Después de trabajar en las posibilidades de esta posición, encontré de casualidad en el libro *Sleights* de Burling Hull, algo muy parecido, utilizado con el mismo propósito – ¡un caso de sincronicidad con cien años de atraso! – con la diferencia de que la bola está retenida entre la falange distal de los dedos anular y la falange medial del dedo medio como muestra la *figura 2*.

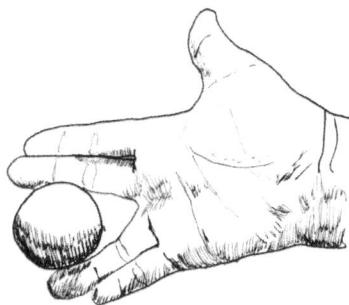

2.

El lector debe practicar esta posición para adquirir la capacidad de retener la bola al punto de poder mover libremente los dedos, y toda la musculatura de la palma de la mano y moverla libremente en todas las direcciones sin dejar caer la bola. Al comienzo puede parecer imposible, pero no es tan difícil como parece.

III

El Pase Básico de Dai Vernon

Sobre la mano del mago se apoya una bola de billar. La oculta bajo un cono de cuero, hace un gesto mágico y, al levantarlo, revela que la bola ha desaparecido.

La descripción arriba expresa la percepción exacta del espectador: una desaparición limpia, directa y eficaz de una bola.

El efecto es realizado con el movimiento básico creado por Dai Vernon, descrito en detalle en el libro *"The Dai Vernon Book of Magic"* (p. 195-207) de Lewis Ganson. La técnica en cuestión, es una de las más bellas que se haya desarrollado en la historia de la prestidigitación, y encarna con perfección el principio de naturalidad vernoniana. Ejecutado correctamente, el pase es de una eficacia tremenda, por ser tremendamente imperceptible por el espectador.

En el arte mágico hay sólo una forma correcta de ejecutar una técnica secreta: aquella por la cual la técnica permanece secreta. Así como un oído normal es capaz de percibir instantáneamente una nota desafinada en medio de una pieza musical, cualquier espectador es capaz de intuir inmediatamente movimientos antinaturales, ilógicos o desacompasados. Cualquier *"ruido"* detectado por el espectador en medio de las acciones del prestidigitador será suficiente para denunciar la existencia de una maniobra secreta y arruinar la magia del efecto producido. Incluso si el espectador está equivocado en cuando al verdadero método, el encanto del efecto estará irremediablemente roto. Ahí reside la diferencia abismal entre la verdadera magia y un mero juego de manos.

Abordaremos a continuación el Paso Básico de Dai Vernon en detalle, con comentarios adicionales, pues esta técnica será el fundamento de otras más adelante.

Ejecución

Posición de partida en la mano izquierda: El prestidigitador, posicionado de pie frente a la audiencia, extiende la mano izquierda con la palma vuelta hacia arriba y los dedos apuntando en dirección a los espectadores. El pulgar de la mano izquierda se mantiene extendido en 45° en relación a los otros dedos, tal como muestra la *figura 1.*

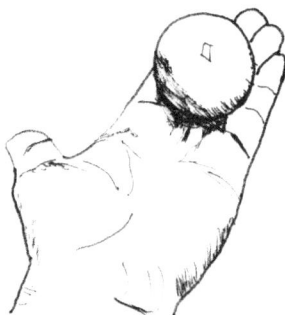

1.

La bola de billar reposa sobre las uniones de las falanges proximales y medias de los dedos medios y anular de la mano izquierda (*figura 1*). Como una mesa, la mano izquierda servirá de soporte para la bola y, luego de inmediato, para el cono que la cubrirá.

Manejo del cono: Tome el cono por la boca, en el límite del borde, entre la articulación de la falange distal del dedo medo y la yema de la falange distal del pulgar de la mano derecha (*figura 2*). Llamaremos al lugar al borde del cono en contacto con el dedo medio el **punto (a),** y al punto de contacto del borde con el pulgar el **punto (b)**. Tal distinción facilitará la comprensión de las descripciones posteriores.

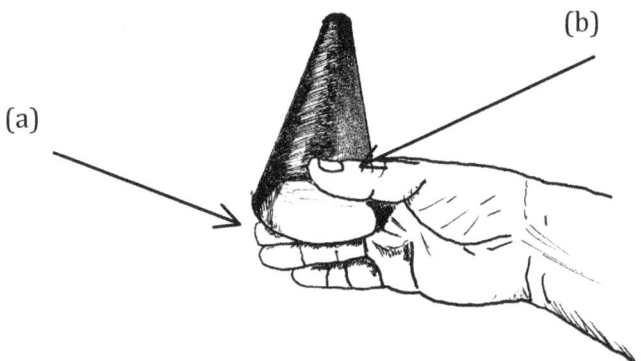

Figura 2

Cubriendo la bola con el cono: Partiendo de esas dos posiciones, la acción que sigue es la de cubrir la bola con el cono. Al cubrir la bola, el punto (a) de la boca del cono es el primero en tocar la superficie de la mano y, luego de inmediato, el punto (b). La maniobra secreta ocurrirá entre el momento en el cual el punto (a) del cono toca la unión de la falange distal del dedo medio izquierdo y el punto (b) toca la palma de la mano, dejando el cono en posición de reposo. El ejecutante *"tumba"* hacia adelante el cono sobre la bola, con el fin de cubrirla. Al estudiar la secuencia en las *ilustraciones 5* a la *9*, la trayectoria del movimiento será evidente al lector.

Repita varias veces la acción real de cubrir la bola con el cono sobre la mano izquierda, tal como fue descrita aquí, delante de un espejo y después grábelo en video para comprobarlo. Simplemente cubra la bola con el cono y estudie la dinámica del movimiento real. Por ser este pase una acción en tránsito[5] no se debe dar énfasis a este movimiento, pues el punto de interés del espectador está, en primer lugar, en la bola sobre la mano, en segundo lugar, en el cono que oculta la bola. Es un perfecto ejemplo de acción en tránsito. Practique el pase muchas veces, estúdielo, pero cuando se presente en público, jamás enfatice esta

---

[5] Para entender el principio de las acciones en tránsito, ver "Acciones en tránsito" en *La Magia de Ascanio, Volumen 1*. Páginas 64-67.

acción más de lo necesario. A juicio del público, la acción de cubrir la bola es secundaria y es sólo un paso lógico y necesario para la realización del efecto, cuyo énfasis estará en:

a) La imagen inicial de la bola sobre la mano izquierda
b) La bola se oculta por el cono
c) El gesto mágico que causará la desaparición de la bola
d) El cono está vacío después de la desaparición

Entonces, el pase de Vernon y el movimiento secreto de escamotear la bola estarán entre los puntos a y b, o sea, serán olvidados por el espectador, como cualquier acción en tránsito bien ejecutada.

Movimiento secreto: El escamoteo de la bola ocurre en el instante de su cobertura con el cono. Los dedos anular y meñique de la mano izquierda extendido realizan un movimiento descendente, formando un pequeño tobogán, inmediatamente después que el punto (a) del cono toque la unión de la primera y segunda falange de la mano izquierda. Esto hace que la bola de billar, por su peso y la acción de gravedad, ruede a la palma de la mano derecha que sostiene el cono. Observe la secuencia de la *figura 3*.

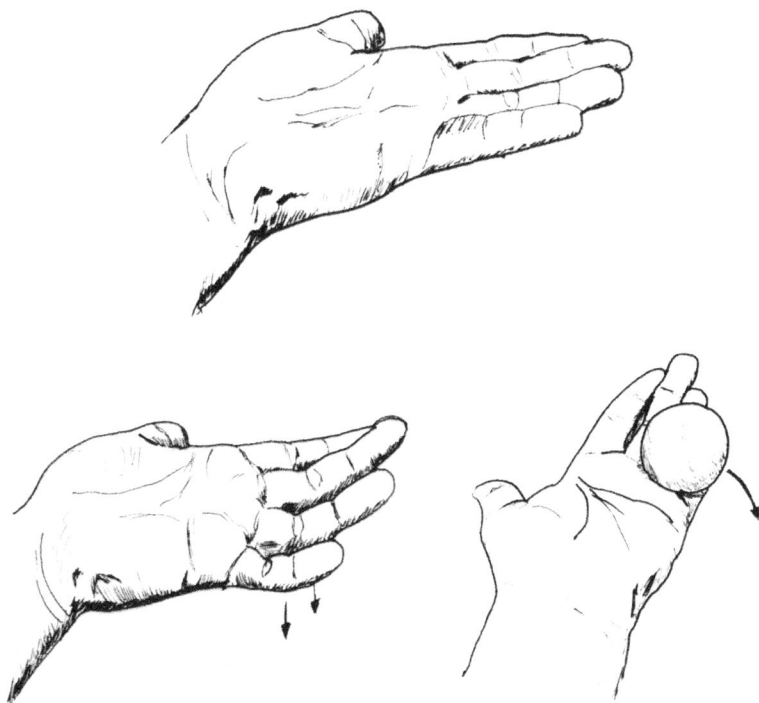

figura 3

La mano derecha simplemente recibe la bola en la posición de empalme como muestra la *figura 9*. La mano derecha ya se encuentra en la posición de empalme Tenkai (*figura 5*), gracias al tamaño de la boca del cono y la posición con que la mano sostiene el cono entre los dedos medio y pulgar. Esta disposición natural de la mano en relajación con el cono y la bola, elimina cualquier movimiento o tensión extra en su musculatura en este estadio del pase.

41

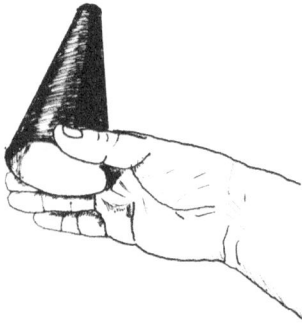

4.

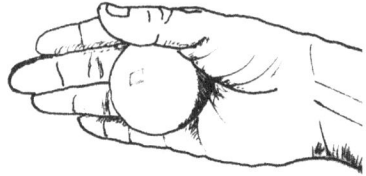

5.

Observe el pase completo en la secuencia de la *figuras* 6 a la 9. Las imágenes son auto explicativas.

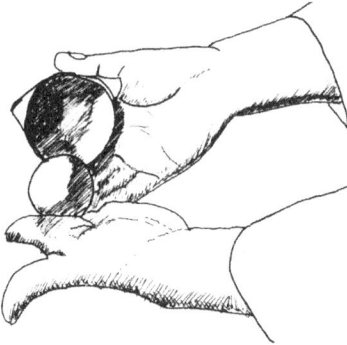

6.

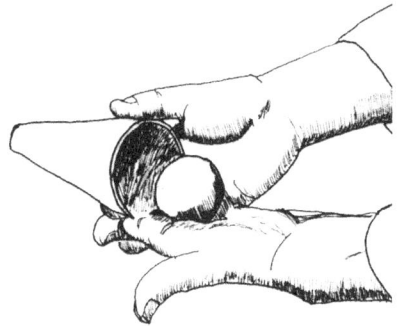

7.

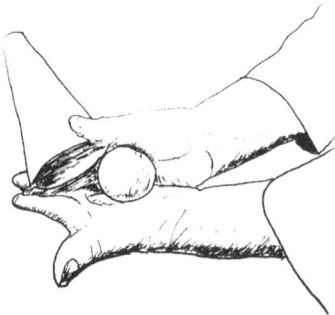

8.

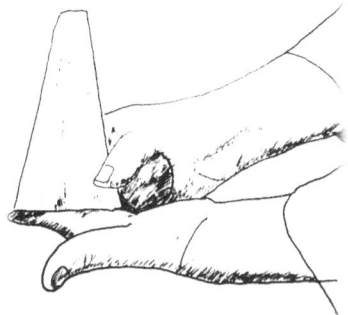

9.

10.

"Limpieza final" y detalles a ser estudiados: Después de realizar el pase completo – cobertura de la bola – Vernon sugiere que la mano derecha, por estar con una bola empalmada, realice la acción de arreglarse la manga del brazo izquierda, con el fin de ocultar mejor el empalme. Como ya sabemos, la mano que contiene algo empalmado, al sostener algún objeto o realizar una acción cualquiera, parece más vacía y más natural a los ojos del espectador. La cobertura obtenida con la acción de arremangar la manga izquierda es un buen detalle, pero debemos considerar algunos otros aspectos:

En primer lugar, en una secuencia de acciones, el ojo humano tiende a enfocarse en aquello que se mueve y también en la última cosa que se mueve. Al cubrir la bola con el cono e inmediatamente arreglarse la manga, el ojo sigue la última cosa que se mueve: la mano con la bola empalmada que se arremanga. Luego, tal cobertura tendría una debilidad intrínseca, exigiendo una mejor solución. De lo contrario, el ojo acompañaría justamente la mano que empalma la bola y eso es lo que no queremos de modo alguno.

En segundo lugar, la mano izquierda, que sostiene la bola y el cono en su palma, se queda inmóvil durante todo el proceso. Aunque esta tenga el foco de atención del espectador – la bola que desaparecerá -, su inmovilidad no sólo contrasta con el movimiento de la mano derecha, sino que también pierde el foco de atención visual, cuyo movimiento irresistible atrae naturalmente la acción de mirar.

43

Considerando estos dos puntos, ¿cómo corregir esa pequeña debilidad de cobertura sugerida por Vernon? Muy simple: el último elemento a moverse debe ser la mano que sostiene el cono, o sea, la mano izquierda, pues la atención del espectador debe ser dirigida hacia allá. La mano derecha, por lo tanto, debe permanecer en un punto inmóvil antes que el movimiento de la mano izquierda termine.

Para ello proceda de la siguiente forma: Al cubrir el cono y realizar el pase, mueva la mano izquierda – equilibrando el cono – levemente hacia el frente en un movimiento ascendente sutil. La mano derecha, con la bola empalmada, casi no se mueve; esta espera que la manga, a unos 10 cm del puño se aproxime. La mano derecha simplemente pincha el tejido de la manga, permaneciendo en un punto fijo en el aire. Da la impresión de que la mano derecha se arregla la manga, moviéndose en dirección al público. Además, el antebrazo izquierdo servirá de cobertura para la mano derecha, ocultando aún más la bola empalmada en la otra mano.

Aprenda el pase básico y estudie sus detalles durante el entrenamiento. Los mínimos detalles de la técnica deben ser ajustados de acuerdo a las características singulares de cada performer, tales como su anatomía, complexión física, modo de moverse y estilo de presentación. La belleza de un efecto mágico reside en la eficacia con la que logra su fin: producir la ilusión perfecta de un acontecimiento imposible, sin explicación alguna. Para esto, es necesario que todas las características particulares del ejecutante armonicen con la técnica, teniendo como criterio último la invisibilidad total de los procedimientos secretos.

IV

Carga secreta de la bola al interior del cono

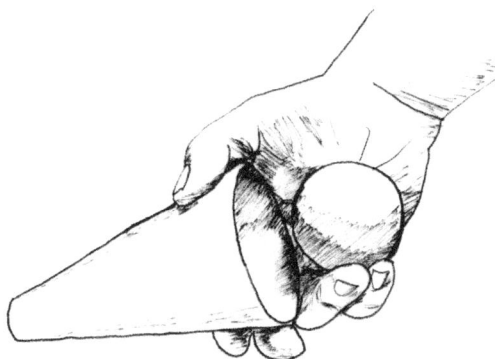

Esta simple carga consiste en tener la bola oculta en el empalme de presión anular y el cono sostenido por la boca entre el pulgar y los dedos índice y medio. Como en la clásica carga de bolas en un cubilete – particularmente en las cargas finales – esta técnica consiste en dejar caer la bola al interior del cono con una leve inclinación del mismo, apuntando con su parte superior hacia el piso. Basta soltar la presión del dedo anular y dejar que la bola caiga dentro del cono.

V

Giro: mostrando el cono vacío

El Giro es un movimiento desarrollado por mí con el fin de mostrar el cono vacío y luego enseguida cargarlo con la bola de billar. El Giro será utilizado en otros efectos más adelante.

El movimiento comienza cuando se muestra el cono vacío hacia el público con la mano derecha (*figura 1*). La bola está oculta en la misma mano, en posición de empalme de presión anular, sostenida por la yema dominante de la falange distal del dedo anular, como muestra la *figura 2*. El cono debe ser sostenido entre los dedos medio y pulgar, por los puntos (a) y (b) de la boca del cono – los mismos puntos designados en el capítulo III. El dedo índice es quien realiza el giro del cono, mientras los dedos medio y pulgar sostienen el cono por el borde, como pivote. La secuencia de dibujos a continuación muestra claramente el movimiento completo.

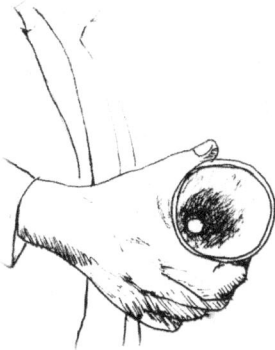

1.

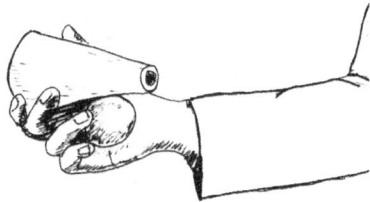

2.

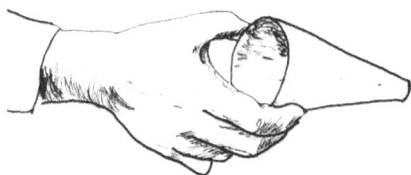

3.

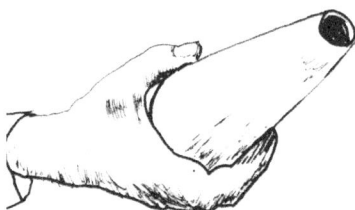

4.

Al final del giro, en el instante en que el cono asume la posición de la *figura 4*, suelte la bola de billar para que esta ruede al interior del cono. Como el movimiento de giro es continuo, la propia gravedad se ocupará de cargar la bola al interior del cono, como muestran las *figuras 5 y 6*.

5.

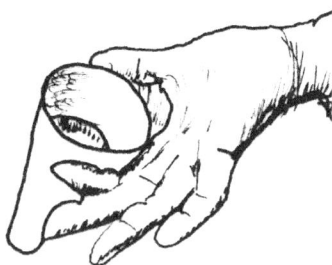

6.

VI

Aparición de una bola bajo el cono I: Pase inverso de Dai Vernon

Esta técnica no es más que lo inverso del pase básico de Dai Vernon. Su finalidad es mostrar que la bola aparece bajo el cono sostenido en la palma de la mano izquierda, cuando en verdad estaba empalmado en la mano derecha.

En una fase dada de la rutina, la bola estará empalmada en la posición de Tenkai de la mano derecha, mientras el cono estará en posición de reposo sobre la palma de la mano izquierda (*figura 1*). La mano derecha se aproxima al cono directamente para tomarlo entre los dedos como muestra la *figura 2*. Al recoger el cono, incline levemente la parte superior en dirección al público, mientras la bola simplemente es depositada sobre el relieve formado por los músculos del hipotenar y tenar de la mano izquierda. La mano rodará automáticamente a la palma de la mano, en sincronía con el acto de enderezar el cono (*figura 3*). Continúe el movimiento de girar y erguir el cono, revelando la bola sobre la palma de la mano a los espectadores (*figura 4*).

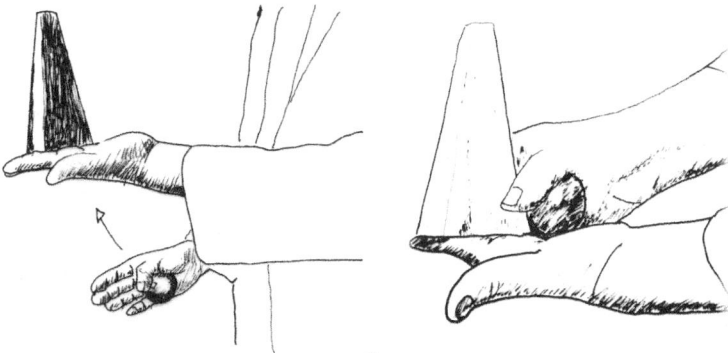

1. 2.

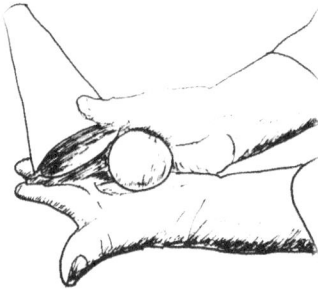 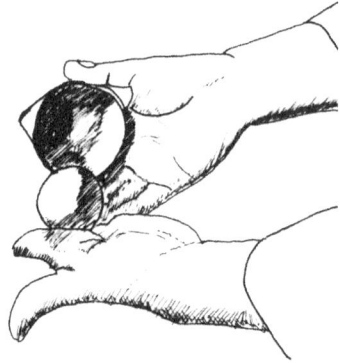

3.   4.

Para ser efectivo, este pase debe de ser rápido y fluido. Obsérvese realizando la acción real de revelar la bola bajo el cono – estando realmente la bola bajo el cono – varias veces. Después, repita la técnica aquí explicada con el timing y naturalidad idénticos a la de la acción real.

VII

Aparición de una bola bajo el cono II: Carga por la parte superior

Efecto

El mago muestra el cono vacío con la mano izquierda. Gira lentamente el cono hasta que este asume la posición de reposo, con la boca hacia abajo, sobre la palma de la misma mano. Algo surge dentro del cono. Al retirarlo, se revela que una bola ha aparecido, sin que la otra mano jamás se haya aproximado a la misma.

Ejecución

Las *figuras 1 a la 4* muestran el movimiento a ser realizado con el cono en la mano izquierda. La bola de billar está empalmada en la mano derecha, con el empalme de presión anular. Ejecute el movimiento indicado en las *figuras 1 a la 3* de forma lenta y cuidadosa. Esto fortalecerá la impresión de imposibilidad del efecto. Cuando el cono asuma la posición explicada en la *figura 3*, haga una pausa y sople el cono. Al soplar, mueva la articulación de la base de los dedos para abajo, como si una bola pesada hubiese caído sobre su mano (*figura 4*). Este movimiento es de extrema importancia, pues denota que el efecto realmente ha ocurrido, creando al espectador la expectativa de que realmente hay una bola de billar bajo el cono.

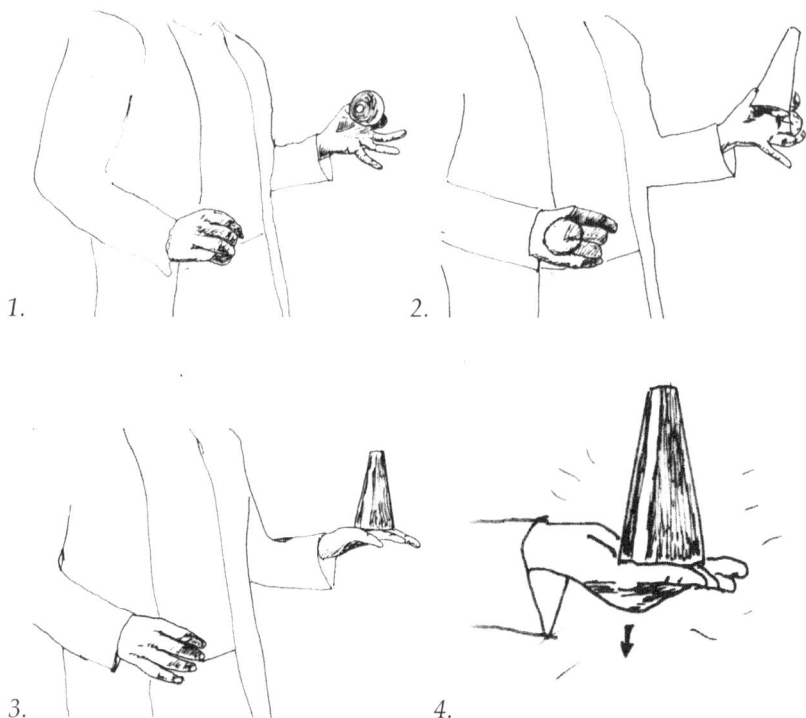

1.

2.

3.

4.

El próximo pase es la carga de la bola. Para probar que la bola apareció bajo el cono, la mano derecha transfiere la bola al empalme Tenkai al acercarse a la parte superior del cono. En el instante en que los dedos de la mano derecha agarran la parte superior del cono, como en las *figuras 5 y 6*, la bola cae sobre la palma de la mano izquierda por detrás del cono (*figura 7*). El cono, a su vez, oculta el movimiento de la bola de la visión de los espectadores.

En el mismo instante en que la bola toca la palma de la mano izquierda, simultáneamente, la mano derecha levanta el cono dibujando una pequeña curva que acompaña el movimiento de la bola, tal como se observa en las *figuras 8 y 9*. El punto final del movimiento del cono es aquel en el cual el borde anterior de su boca toca el tenar de la mano izquierda, como muestra la *figura 9*. El movimiento debe ser rápido y sin dudar, a la misma velocidad de caída de la bola sobre la palma de la mano izquierda. Al practicar y filmar el pase, el ejecutante descubrirá el tiempo justo para realizar el movimiento.

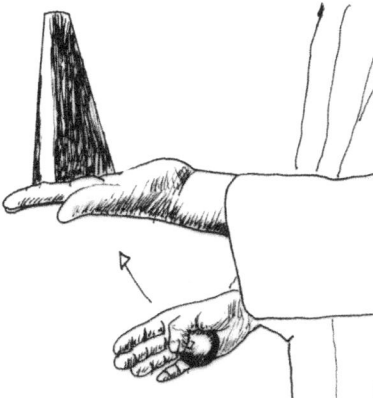

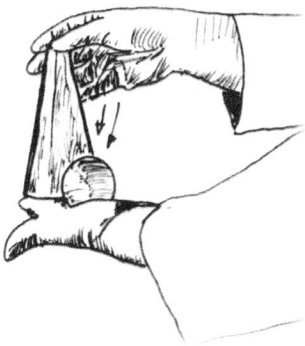

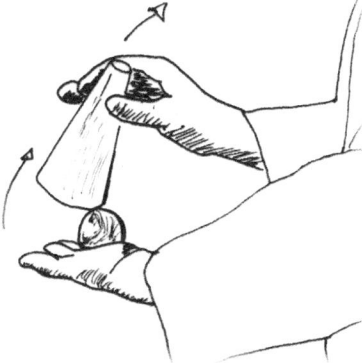

5.

6.

7.

8.

9.

Es importante dar la impresión de que el cono fue simplemente inclinado hacia atrás en un solo movimiento. Las *figuras 9 y 10* muestran el movimiento de la perspectiva del espectador.

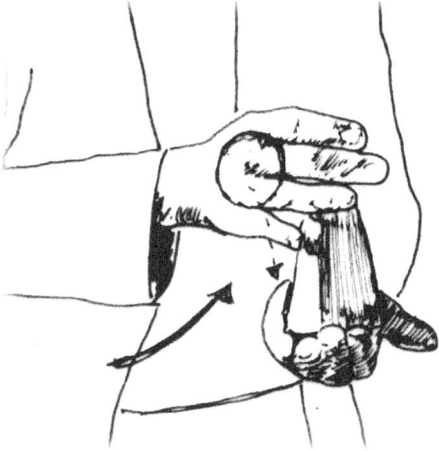

9.

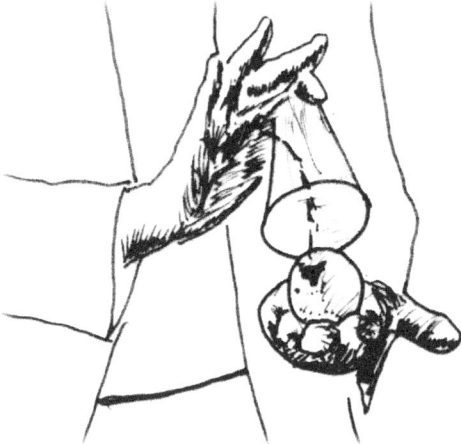

10.

VIII

Producción de la bola en la parte superior del cono

Para producir la bola en la parte superior del cono debe procederse de la siguiente forma: en el instante en que la mano derecha se aproxima a la parte superior del cono para realizar la producción, la bola sale de la posición de empalme en la cual estaba (probablemente el empalme Tenkai, dependiendo de la rutina) y es presionada contra el lado interno de la falange distal del pulgar, elevando la bola en un movimiento ascendente a su posición final (ver *figuras 1 y 2*).

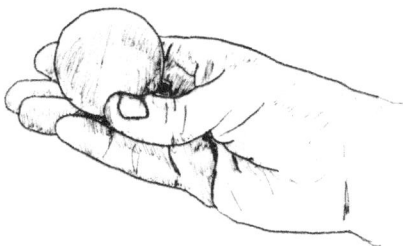

1.

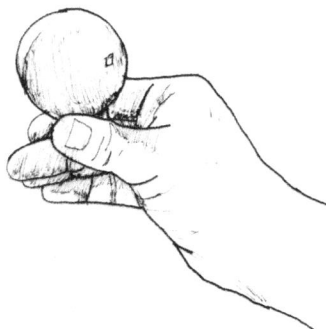

2.

La bola desliza sobre cada una de las falanges medias de los dedos, una después de otra, como si subiese una pequeña escalera, hasta llegar a la posición de equilibro representada en la *figura 2*.

Este movimiento crea la ilusión de que la bola salió de la parte superior del cono. Para aumentar la impresión de *"subida"*, la mano debe realizar un movimiento ascendente desde la base del cono (en estado de reposo sobre la palma de la mano izquierda) hasta la parte superior, mientras realiza la técnica explicada arriba.

Algunos magos también producen la bola en la parte superior del cono simplemente depositándola sobre el orificio de la parte superior directamente de la posición de empalme clásico. No recomiendo esta forma pues me parece extremadamente evidente. El espectador consigue inmediatamente identificar el secreto de la producción, como también deducir la existencia del empalme clásico. Además de que estéticamente no apela a recurso alguno, mágicamente es un error, pues no hay cobertura alguna y – mucho peor – efecto mágico alguno.

Esta técnica también puede ser aplicada para producir una bola en la punta de un pañuelo, exactamente como en la rutina original del cono y bola de Dai Vernon.

IX

Efecto embudo: penetración de la bola a través de la parte superior del cono

Ideé este efecto en el año 2009, gracias a la ayuda del mago venezolano Mai, que creó la técnica en cuestión para hacer desaparecer una bola al interior de un cubilete. A pesar de ser una adaptación para el cono y la bola, el crédito de esta bellísima técnica es toda suya, a quien agradezco inmensamente.

Efecto

La bola, después de ser lanzada algunas veces dentro del cono, atraviesa la parte superior de manera imposible, como si pasase por un embudo.

Ejecución

Sostenga el cono con la mano izquierda en la posición indicada por la *figura 1*. Lance la bola con la mano derecha una vez dentro del cono y en seguida gire el cono con la boca hacia abajo, dejando caer nuevamente la bola sobre la palma de la mano derecha. Esta acción debe ser realizada una o dos veces para condicionar al espectador.

En seguida realice exactamente la misma acción, sólo que ahora en vez de soltar la bola al interior del cono, déjela caer sobre la palma de la mano izquierda. Observe en la *figura 1* que la mano y el propio cono ocultan la bola de la vista de los espectadores. El cono debe estar levemente inclinado en su dirección, de modo que la boca no sea visible para el público.

Si es ejecutado con soltura, la ilusión de que la bola fue colocada dentro del cono es perfecta.

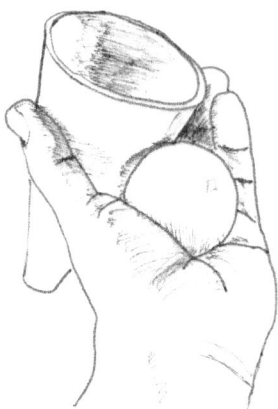 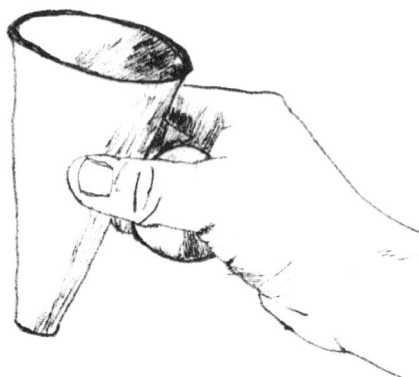

1. 2.

Hecho eso, transfiera el cono y la bola a la mano derecha de modo que la bola esté oculta en el empalme Tenkai mientras sostiene el cono en la punta de los dedos y el dedo pulgar (*figura* 2). El cono cubre completamente la visión de la bola. Se trata de una versión del empalme de monedas de Nelson Downs, sólo que aplicado a una bola de snooker.

Después de haber transferido el cono y la bola a la mano derecha, muestre la mano izquierda vacía.

Sostenga con la mano izquierda la boca del cono entre el dedo pulgar, medio e índice. Deslice la mano derecha con la bola empalmada hacia abajo en dirección a la parte superior del cono (que está al revés) y, con los dedos cerrados ocultando la bola, gire el puño en sentido horario como si estuviese torciendo o exprimiendo la bola hacia afuera del cono, como muestra la *figura* 3. La bola quedará suspendida por la presión y fricción de la piel de la yema del pulgar y las falanges de los demás dedos, como muestra la *figura* 4. La textura de la bola de snooker naturalmente hará que la boca quede adherida a los dedos en esta posición. Al girar el puño, se dará la ilusión de que la bola sale del orificio de la parte superior del cono. Basta soltar la bola dejándola caer sobre la mesa.

La misma técnica puede ser utilizada también para hacer desaparecer una bola, omitiendo la segunda parte del efecto.

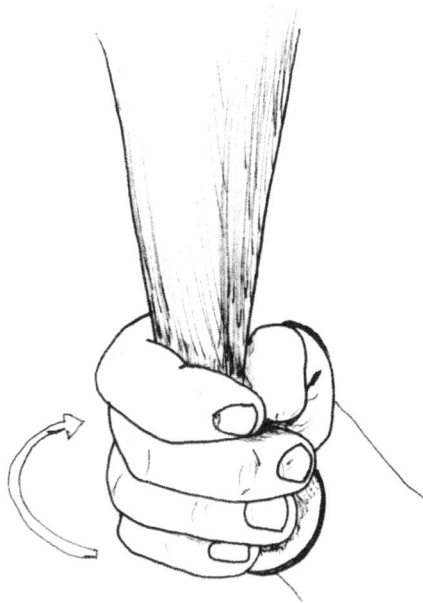

3.

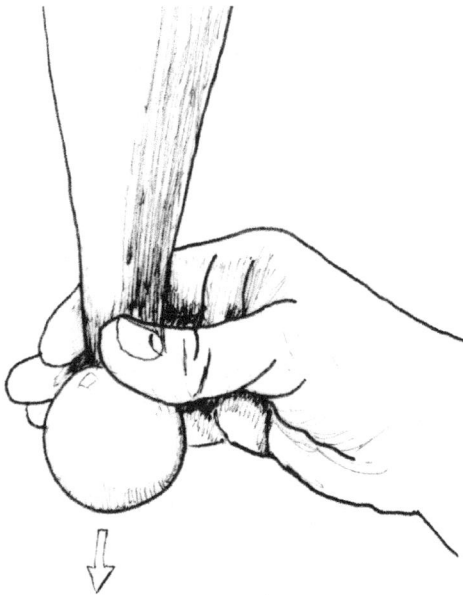

4.

X

Desaparición de una bola con ayuda de una varita

Efecto

El mago hace desaparecer una bola de billar bajo el cono sólo con un toque de la varita.

Materiales

Un cono, una bola de billar, una varita.

Técnicas necesarias

Pase Básico de Dai Vernon; empalme Tenkai; empalme de presión anular; Cupping con dedos extendidos; Giro del Cono y Cruce de Miradas de Slydini.

Este es el tercer efecto de mi rutina de cono y bola. Este se basa en la desaparición clásica de la rutina de Vernon, descrita en el capítulo III, realizada con el pase básico. La única diferencia en relación al efecto original es el uso de una varita. En este efecto, la varita mágica cumple cinco funciones:

a. ***Es la causa del efecto mágico:*** El toque de la varita provoca la desaparición de la bola. Eso agrega claridad y sugiere que lo que está realmente ocurriendo bajo el cono, a diferencia del efecto original (sin el uso de una varita), en la cual el gesto mágico no es claro y no hay puntuación del instante en el cual ocurre la magia.

b. ***Sirve de cobertura para la bola empalmada:*** Esta justifica los movimientos de la mano derecha y la mantiene ocupada.

Además, el uso de la varita en esta secuencia es crucial para el efecto mágico, o sea, su uso está totalmente justificado.

c. *Sirve como accesorio para probar la desaparición total de la bola y comprobar que no está más ahí.* Con la varita se enfatiza que el cono está vacío al pasarla a través del interior del cono. Esta acción prueba la imposibilidad de que haya algo dentro del cono.

d. *Pretexto para cargar la bola al interior del cono.* Al pasar la varita a través del interior del cono, el ejecutante carga la bola nuevamente en su interior para mostrar luego en seguida sus manos vacías.

e. *Despiste psicológico.* Esta aumenta la distancia de las manos entre sí, dando la impresión de que jamás se tocan durante la rutina. Este principio será ampliamente utilizado en otros efectos descritos en el libro.

Ejecución

Coloque la varita apoyada bajo la axila izquierda, levemente inclinada hacia arriba como muestra la *figura 1*. Ejecute el pase de Vernon, tal como fue descrito en el capítulo anterior. Al cubrir la bola, la mano izquierda se separa del cuerpo, llamando la atención al cono, al mismo tiempo que la mano derecha, que contiene la bola empalmada, va a buscar la varita apoyada bajo el brazo izquierdo (*figuras 2 y 3*).

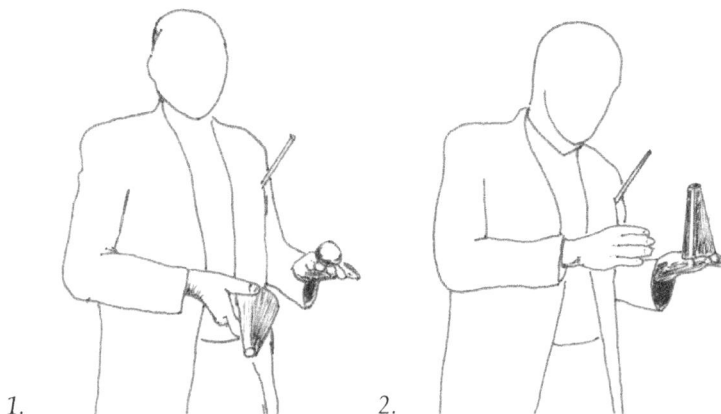

1.   2.

3.

4.

5.

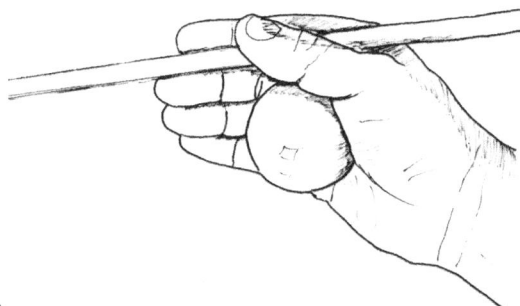

En ese instante, necesariamente, debe cambiarse el empalme de la bola. Al hacer el Pase Básico de Vernon la bola termina en un empalme *Tenkai*; al tomar la varita el empalme cambia a la posición de *Cupping con los dedos extendidos*. Observe las *figuras 4 y 5*. Aquí es evidente la función de la varita, que produce la sensación de distancia entre la mano y el cono, dando la impresión de que nunca se tocan entre sí.

Toque con la punta de la varita el cono realizando el gesto mágico, cuya función es puntuar el momento de la desaparición y, al mismo tiempo, causar la desaparición de la bola bajo el cono.

Muestre que la bola desapareció, revelando el cono vacío. Con la varita, apunte al interior del cono, como en la *figura 6* y, en seguida, introduzca la varita al interior del cono, pasándola por el orificio de la parte superior, a fin de comprobar que el cono está totalmente vacío (*figura 7*). Transfiera el cono de la mano izquierda a la derecha mientras atraviesa la varita por su interior y asuma la primera posición descrita en el capítulo V para ejecutar el *"Giro"*, en el cual el ejecutante muestra el cono vacío mientras oculta la bola empalmada en la misma mano (*figura 8*).

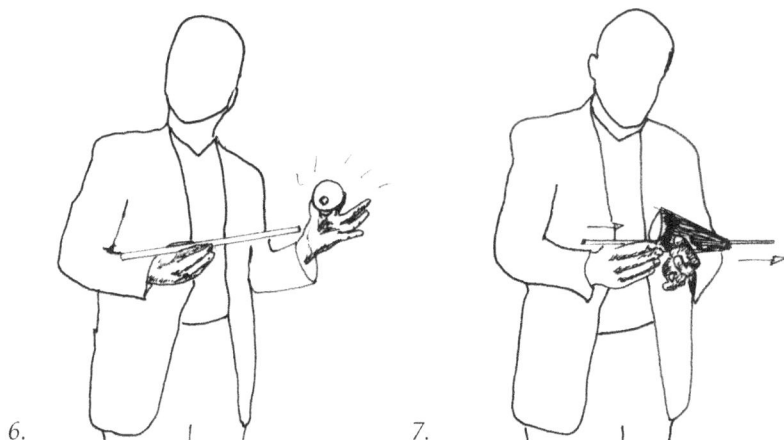

6.   7.

Al asumir la posición de la *figura 8*, haga ligeros movimientos circulares con la varita al interior del cono, enfatizando su vacío. Sin interrumpir el flujo de los movimientos, retire la varita del cono acompañando con la mirada el movimiento de la mano izquierda. La mano derecha permanece inmóvil sosteniendo el cono, mientras la mano izquierda retira la varita por detrás, por el orificio de la parte superior. Mantenga la mirada fija en la mano izquierda y lance la varita a lo alto realizando un giro simple, con el fin de tomarla por la otra punta. Cuando lance la varita a lo alto, ejecute simultáneamente el *"Giro del cono"* con la mano derecha, tal como fue expuesto en el capítulo V. Vea la secuencia en las *figuras 8 a la 13*.

8.

9.

10.

11.

12.

13.

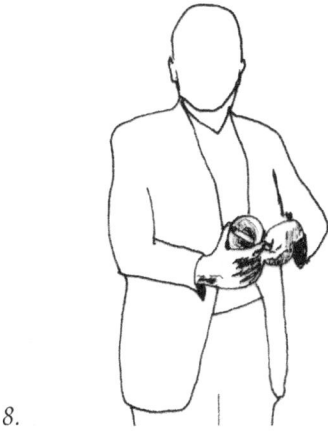

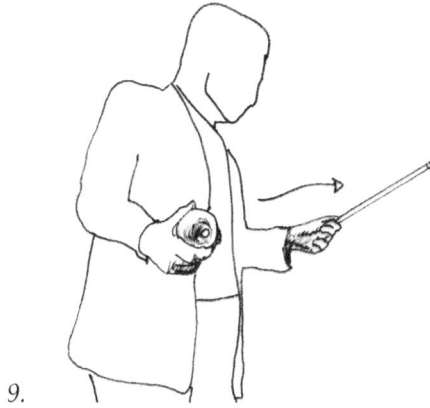

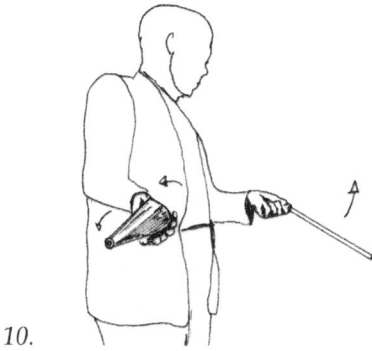

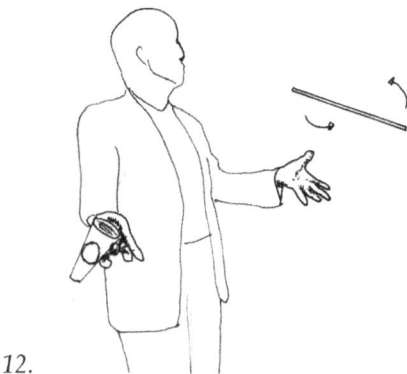

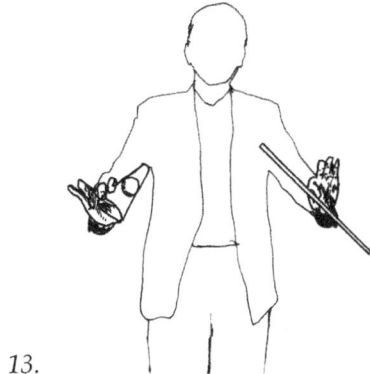

El vector de la mirada que sigue la varita cruza con el vector del movimiento contrario, realizado por la mano derecha durante la ejecución del *"Giro"*. El cruce espacial de vectores creado por el cambio en el foco de atención anula la percepción del espectador del "Giro", eliminándolo posteriormente de su memoria, pues la atención del espectador es dirigida hacia la acción de lanzar la varita a lo alto. La atención del ejecutante determina cuál es el vector más fuerte a ser seguido por la atención del espectador entre dos movimientos en sentido contrario. Consecuentemente, el espectador acompañará el foco de atención del ejecutante, ignorando el movimiento contrario de menor importancia. Se trata de una aplicación del *cruce de miradas* de Slydini[6], para cubrir la verdadera ubicación de la bola. Esta secuencia debe ser ejecutada con *soltura y despreocupación*[7], sin necesidad de énfasis. La actitud debe ser despreocupada pues toda la secuencia de acciones denota la desaparición total de la bola de forma natural y totalmente justificada.

Otra forma más simple y también efectiva de realizar esta misma maniobra descrita arriba es la de simplemente pasar la varita a través del cono y cargar la bola en su interior con un solo movimiento, sin ejecutar el cruce de miradas y el "Giro". Basta cargar la bola al interior del cono[8] al pasar la varita por su interior, en el instante en que se transfiere el cono de la mano izquierda a la derecha como en la *figura 8*. La carga es efectuada directamente, sin mostrar a boca del cono como en la *figura 9*. Es una forma efectiva de cargar el cono que puede ser aplicada en otras ocasiones.

El ardid de ambas versiones reside en la contradicción lógica del acto en sí mismo: al mostrar el cono vacío, estoy cargando la bola en su interior. Eso agrega cobertura lógica al pase, despistando aún más los pensamientos del espectador y su capacidad de reconstituir el verdadero camino de la bola.

---

[6] Cf. estudio sobre el *"cruce de miradas"* puede ser leído en *"Los cinco puntos mágicos"* de Juan Tamariz, p. 25-26.
[7] Cf. concepto de soltura en el ítem *"Soltura y despreocupación"* en *"La Magia de Ascanio"*, p. 45-46.
[8] Cf. En el capítulo IV *"Carga secreta al interior del cono"*.

XI

Transposición invisible de la bola

Efecto

Sobre una mesa, el mago hace rodar una bola de billar bajo el cono a fin de cubrirla. En seguida realiza un gesto mágico con su varita, como si extrajese la esencia de la bola, por la parte superior del cono. Actuando como si la bola estuviese pegada de forma invisible en la punta de la varita, la toma con la mano izquierda, simulando tenerla, ahora invisible en la mano. Con la punta de la varita tumba el cono sobre la mesa, revelando que la bola no está más ahí. Mira a la bola invisible sobre la mano izquierda, cierra los dedos y al abrirlos, la bola se torna visible nuevamente, completando la transposición.

Materiales

Cono, una bola de billar, varita, mesa.

Técnicas necesarias

Pase básico sobre una mesa; empalme clásico con los dedos extendidos; carga reversa.

Ejecución

Fase 1: desaparición con el Pase de Vernon sobre una mesa

¿Cuál es la finalidad de una bola de billar? Rodar sobre una mesa. Muchas de mis creaciones partieron de preguntas referentes a la naturaleza misma de los elementos utilizados en el efecto mágico. Muchas veces, nosotros magos olvidamos la finalidad y los usos para los que fueran hechos los objetos utilizados por nosotros, pues el uso excesivo acaba por descaracterizar el objeto, alejándonos de su propósito primordial. Al reencontrarlo, se abren nuevas posibilidades creativas para quien esté abierto a percibirlas.

Jugando con las posibilidades de realizar efectos con el cono y la bola en la superficie de una mesa, llegué a esta técnica que llamé el pase básico sobre la mesa, por poseer el mismo principio de funcionamiento del pase básico de Vernon. La única diferencia está en utilizar la mesa en lugar de la mano izquierda para apoyar la bola y cubrirla con el cono. Más tarde, descubrí en el libro de Ed Mishell "*Hold-Out Miracles*" una técnica prácticamente idéntica, en la cual se escamotea una bola al rodar debajo de un cubilete, en la superficie de una mesa[9].

Así mismo, por ser esencial para el efecto a continuación, explicaré su ejecución, agregando detalles de cobertura derivados de la construcción de la secuencia, que aumentan la eficacia de la técnica en cuestión.

Comience con la varita apoyada bajo la axila derecha. El cono debe estar acostado sobre el lado derecho de la mesa con la boca girada hacia los espectadores y la bola sobre el lado izquierdo, como muestra la *figura 1*.

Tome el cono con la mano derecha y empuje la bola con la mano izquierda, para que esta ruede en la dirección opuesta de la mesa (*figura 2*). Cubra la bola con el cono y, sin soltarlo, agítelo de un lado a otro como si estuviese agitando la bola en su interior (*figuras 3 y 4*). Enderece el cono con la mano derecha inclinando levemente su parte superior hacia la derecha, de modo que la bola ruede en dirección hacia el lado izquierdo de la mesa. Con la mano izquierda detenga el movimiento de la bola. Ese primer movimiento sirve para condicionar al espectador.

Ahora, ejecute el mismo movimiento, aunque ahora retenga la bola en un empalme Tenkai con la mano derecha. La técnica es idéntica al pase de Vernon, con la diferencia de que no es la mano izquierda quien realiza el movimiento, sino que es el movimiento de la bola rodando sobre la superficie de la mesa el que la llevará

---

[9] Cf. el pase está en el capítulo "*Cup and Balls, versión No. 1*" de "*Hold-Out Miracles*", cap. 15, p. 44.

automáticamente a la posición de empalme. Al rodar la bola bajo el cono, adelante levemente la mano derecha hacia el frente de modo que la bola sea empalmada y no entre al interior del cono. Observe la *figura 5*. Practique el movimiento real muchas veces, con el fin de ejecutarlo de forma idéntica cuando realice el movimiento de retención de la bola.

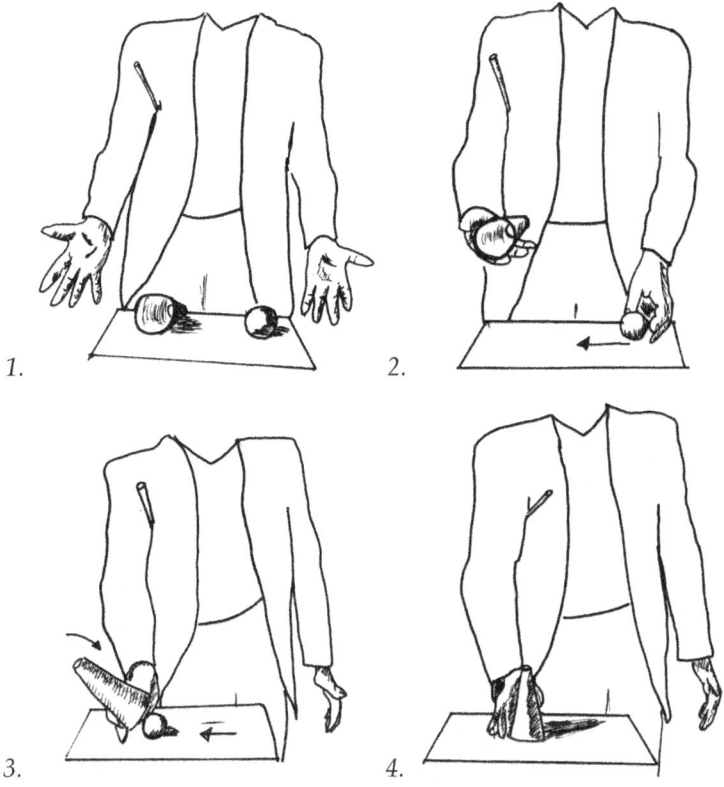

1.

2.

3.

4.

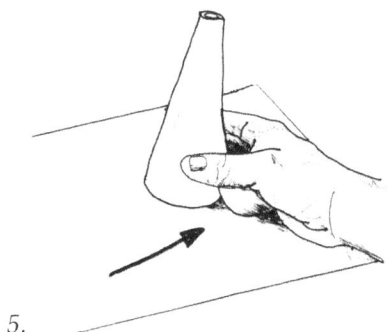

5.   6.

Al realizar la retención de la bola en el empalme Tenkai, suba la mano que empalma hacia la parte superior del cono, con la intención de realizar un pequeño ajuste (*figura 6*). Este "ajuste" crea una distancia entre el lugar donde se realizó la maniobra secreta y el paradero real de la bola, antes que cambie el foco del espectador. Como el próximo foco de atención será la varita, es conveniente que la última imagen que el espectador retiene del cono no esté asociada al procedimiento secreto real, o sea, con la mano cerca de la boca del cono. Por esta razón, la última imagen debe ser la de la mano sosteniendo la parte superior del cono y no tocando las proximidades de la boca, el lugar donde se realizó el empalme.

Con la mano izquierda tome la varita por la punta, describiendo el movimiento expuesto en la *figura 7* y transfiera el otro extremo a la mano derecha asumiendo la posición de la *figura 8*. La mano derecha ahora asume la posición del empalme cupping con los dedos extendidos, tal como indica la *figura 9*.

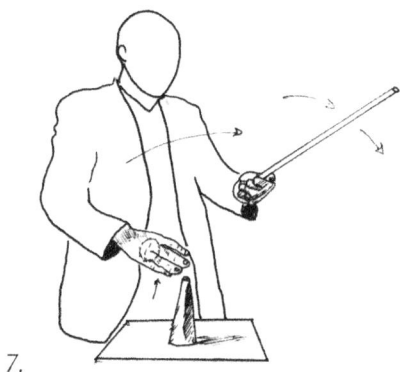

7.

8.

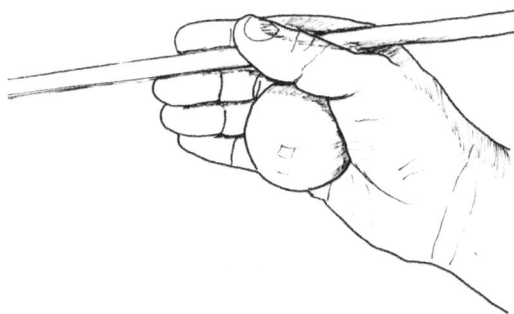

9.

Apoyando la varita con la mano derecha en posición de cupping con los dedos extendidos, toque el cono con la otra punta de la varita realizando un movimiento ascendente, como si retirase la "esencia" de la bola al interior del cono. Imagine que la bola está invisible y pegada a la punta de la varita. Realmente imagine eso para que la acción sea ejecutada correctamente, con el timing justo y con convicción, en caso contrario el efecto no será creíble. Observe el movimiento de las *figuras 10 y 11.*

Mire a la "bola" imaginaria en la punta de la varita y deposítela en la mano izquierda. La mano izquierda asume la posición de sostener la bola invisible entre el pulgar y los otros dedos, con la palma girada hacia el público, de modo que si la bola fuese real sería visible para los espectadores. Observe la posición de la mano izquierda en las *figuras 11 y 12.*

Tumbe el cono hacia atrás para probar a los espectadores que la bola desapareció (*figura 12*).

10.   11.

12.

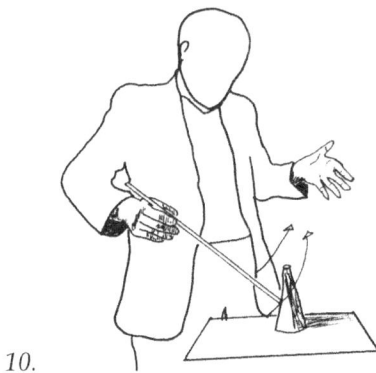

Fase 2: Materialización de la bola

La secuencia expuesta en las figuras 13 a la 16 muestra cómo el espectador ve la materialización de la bola. La bola está invisible sobre la palma de la mano izquierda. Con la ayuda de la varita en la mano izquierda la mano se abre y, al abrirla, la bola se materializa.

13.

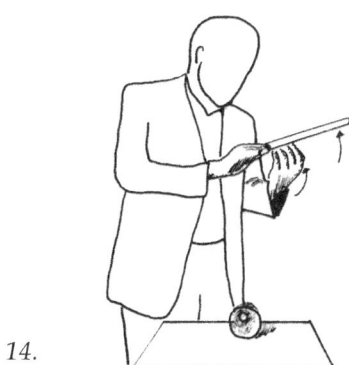

14.

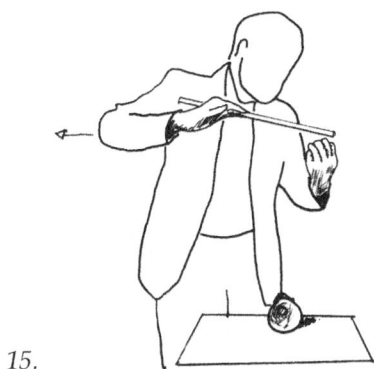

15.

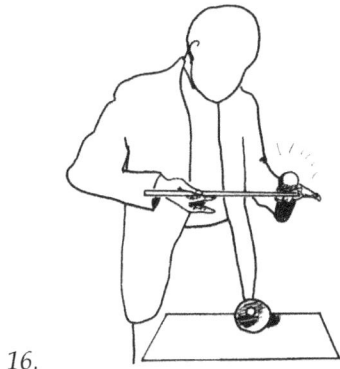

16.

La impresión del espectador es que las manos jamás se aproximaron, aunque en realidad, por un brevísimo instante la mano derecha toca la izquierda. Es en este momento que ocurre la transferencia de la bola empalmada en la mano derecha a la mano izquierda. Llamo esta técnica de "*carga reversa*", pues parte del mismo principio del pase básico de Vernon, sólo que al revés y sin el cono. La bola realiza el movimiento inverso al pase básico, rodando con la ayuda de la gravedad hacia la mano izquierda[10]. Los dedos de la mano izquierda forman una barrera visual suficiente para ocultar la bola. Observe las *figuras 17 y 18*.

---

[10] Cf. técnica en el capítulo VI.

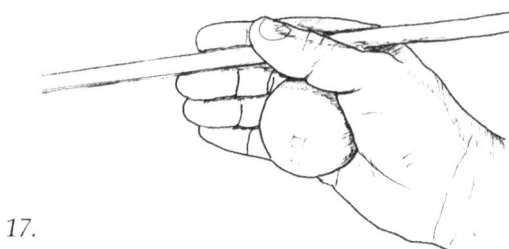

17.

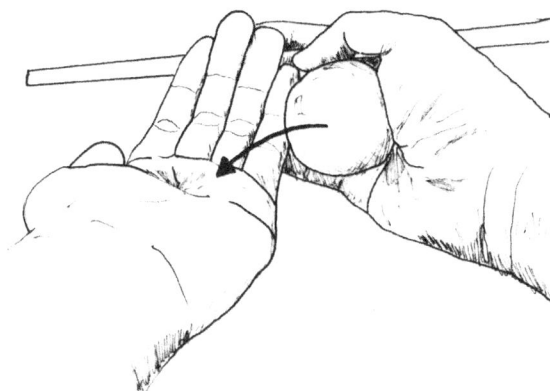

18.

La mano derecha se aproxima a la mano izquierda tocando la parte posterior de los dedos y efectúa un movimiento de deslizar la varita por detrás de la mano izquierda, con la base de la varita hacia su punta. Al hacer este movimiento, simultáneamente cierre la mano izquierda. El sentido del movimiento es indicado por las *figuras 13 a la 16*. La *figura 19* muestra el punto de vista del ejecutante y las flechas indican el movimiento a ser realizado con la mano derecha. Como la transferencia secreta de la bola ocurre en medio del movimiento descrito por la mano derecha – que comienza y termina lejos de la mano izquierda – el espectador apagará de su memoria la aproximación de ambas manos. Además, la varita agrega un "obstáculo" al contacto de las manos, despistando psicológicamente al espectador de lo que ocurre realmente.

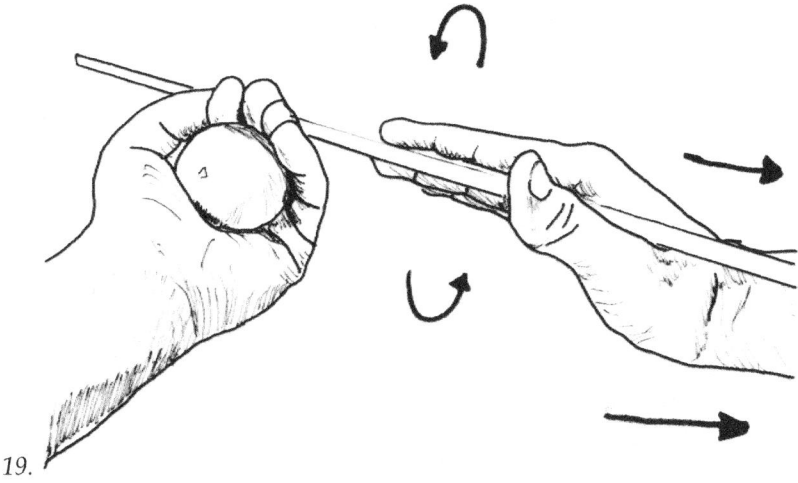

19.

Al finalizar el movimiento, toque la punta de la varita sobre la mano izquierda cerrada, realizando el gesto mágico de apuntar en el instante de la materialización de la bola. Abra los dedos y muestre la bola a los espectadores como en la *figura 16*.

XII

Transposición gradual de una bola

El efecto a continuación puede ser considerado una parodia del efecto anterior. Se trata de un efecto con un error aparente, aunque en este caso el "error" también es un efecto mágico. La falla del mago afirma y refuerza la realidad del efecto imposible, el que aparentemente no ocurre de acuerdo con sus planes originales. La descripción es un tanto compleja, aunque el efecto es claro y evidente a los ojos del espectador. Cuando es ejecutado con la debida interpretación – el conflicto del mago debe ser creíble y convincente -, el efecto causa gran impacto en los espectadores.

En líneas generales, el efecto consiste en transponer la bola que está oculta bajo el cono sobre la mesa a la mano izquierda, pero en partes, o sea, gradualmente, transfiriendo trocitos de la bola antes que esta alcance su integridad, completando la transposición. Abajo sigue una descripción detallada del efecto.

Efecto

El mago va a hacer una transposición invisible de la bola oculta bajo el cono apoyado sobre la mesa a su mano izquierda (el mismo efecto del capítulo anterior). Con la varita realiza un gesto mágico de retirar la esencia de la bola al interior del cono. El primer intento aparentemente falla, haciendo que el mago repita el gesto. Él repite el gesto pero una vez más sin éxito y, pareciendo que, sólo parte de la bola realizó el viaje. El mago entonces abre la mano para verificar lo que ocurrió y revela una pequeña bola blanca. Al tumbar el cono, revela otra bola ligeramente más grande, pero todavía más pequeña que la original. El ejecutante cubre la bola nuevamente con el cono sobre la mesa y repite el gesto con más fuerza y vehemencia, cogiendo la "esencia" restante de la bola bajo el cono y la deposita sobre la pequeña bola en su otra mano. Al abrir la mano izquierda – que continúa con la bola pequeña – revela que el proceso se cumplió, pues la bola volvió a su tamaño original. Con la varita tumba el cono sobre la mesa, revelándolo totalmente vacío. Por fin, lanza la bola de una mano a otra mostrando ambas completamente vacías.

Material

- Cono;
- Una varita;
- Un *servante* de bolsillo descrito en el Capítulo I para descargar una bola durante la rutina;
- Una bola blanca pequeña de madera, de aproximadamente 30 mm de diámetro;
- Una bola blanca mediana de madera de 40 mm de diámetro;
- Una bola blanca grande de madera de 54 mm de diámetro (tamaño de una bola de snooker) con un agujero de 31 mm de diámetro, y aproximadamente 23 mm de profundidad. Este agujero debe tener el tamaño suficiente para contener en su interior la bola más pequeña, de modo que la mitad de la pelota más grande sobresalga por el exterior, como se muestra en la *figura 2*. En el fondo del agujero, pegue un pedazo de tela para que la bola no haga ruido y que haya adherencia de la bola menor cuando esté encajada en el interior de la mayor.

Observe la *figura 1* con la proporción de las bolas. Para el público, la primera representa un tercio de la bola mayor, y dos tercios respecto a la segunda.

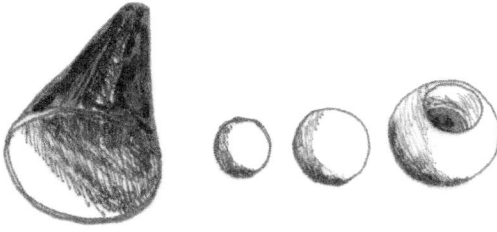

Figura 1

Figura 2

Ejecución

La rutina comienza con la bola media oculta al interior del cono y este último dejado sobre la mesa como se muestra en la *figura 3*. La varita debe estar apoyada bajo la axila derecha y la bola grande sobre la mano izquierda. La bola pequeña, que está encajada al interior de la bola grande, está girada hacia el mago, o sea, oculta de la visión del público.

Después de lanzar la bola grande con la bola pequeña encajada en su interior de una mano a otra – cuidando que la bola pequeña no aparezca en la visión de los espectadores -, transfiera la bola a la mano izquierda. Separe ambas con el dedo anular y empalme la bola pequeña con el empalme de presión anular, como muestra la *figura 4*.

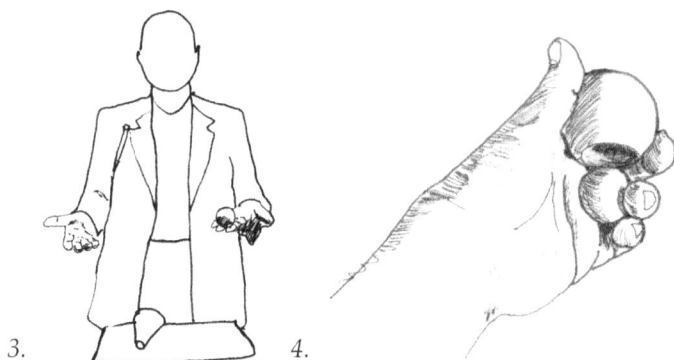

3.   4.

Tome el cono con la mano derecha y coloque la bola grande con el agujero apuntando hacia debajo de la mesa, transfiriendo la bola pequeña del empalme de presión anular al empalme de dedos tradicional, tal como se utiliza en rutinas de cubiletes. Observe la posición de cada bola en este instante en la *figura 5*. Simule cubrir la bola grande con el cono, realizando el pase descrito en el capítulo anterior (pase de Vernon sobre la mesa) reteniendo la bola grande en el empalme Tenkai (*figura 6*). La bola mediana caerá de la parte superior del cono y ocupara el lugar de la grande.[11]

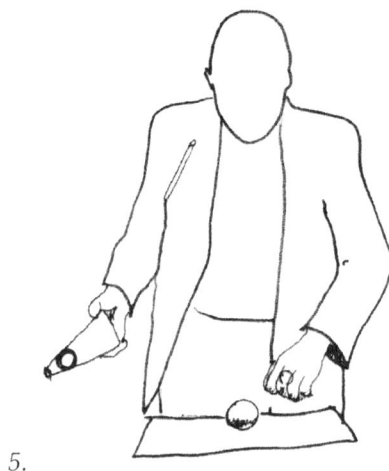

5.

---

[11] No es necesario que la bola grande ruede sobre la mesa, pues eso revelaría su agujero. Simplemente realice el pase de Vernon sobre la mesa directamente, sin hacer rodar la bola.

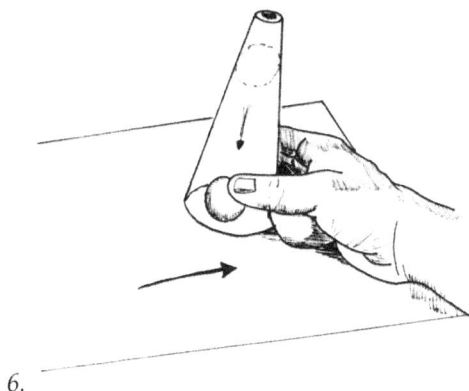

6.

Tome la varita con la mano izquierda (*figura 7*) – con la bola pequeña oculta en el *empalme de los dedos* – y traiga la varita hacia adelante tomándola con las dos manos, como muestra la *figura 8*. En este instante usted estará con una bola pequeña empalmada en la mano izquierda, una bola grande en la mano derecha y una bola mediana bajo el cono.

Como si retirase la esencia de la bola con una cuchara, toque con la varita la parte superior del cono y lleve el "trocito" invisible de la bola pegado en la punta de la varita hacia la mano izquierda. La mano izquierda debe estar con la palma hacia abajo, semi-cerrada, con cuidado para que no aparezca la bola empalmada. Al llevar la punta de la varita a esta misma mano, simule tomar el pedazo invisible de bola, pinchándola entre el pulgar y la punta de los dedos, sin dejar caer la bola pequeña empalmada. Observe el movimiento de la *figura 9*.

Realice el gesto una primera vez y sienta que algo extraño ocurre. Para comprobar, pruebe una segunda vez y, con expresión de perplejidad, eche un vistazo a lo que salió mal abriendo la mano izquierda con la palma hacia arriba, revelando que sólo un pedazo de bola se ha transpuesto. Tumbe el cono con la varita para verificar cuánto falta para completar la transposición, revelando la bola mediana (*figuras 10 y 11*).

Para botar el cono, toque la parte superior del mismo por el frente, manteniendo la mano en la misma posición en relación al público, para que no se vea la bola grande empalmada en la posición de empalme clásico con los dedos extendidos.

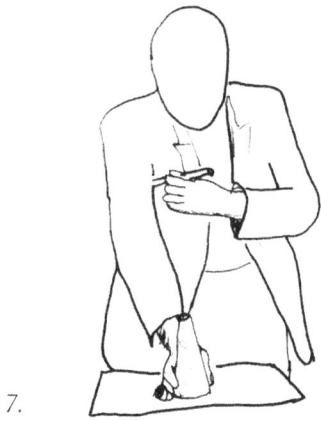

7.

8.

9.

10.

11.

12.

Coloque la varita bajo la axila izquierda con la mano derecha y, con la misma mano, golpee la bola pequeña de la mano derecha para revisarla. En ese instante haga una transferencia secreta de la bola grande de la mano derecha a la izquierda. Para eso, mantenga los dedos todos juntos a fin de que el público no vea la bola. La mano derecha debe estar ligeramente hacia la izquierda cuando va a buscar la bola pequeña. Al golpear la bola, simplemente relaje la musculatura del empalme y deje la bola grande caer al interior de la mano izquierda, realizando así la transferencia secreta (*figura 13*). Mantenga la mirada y atención fijas en la bola pequeña.

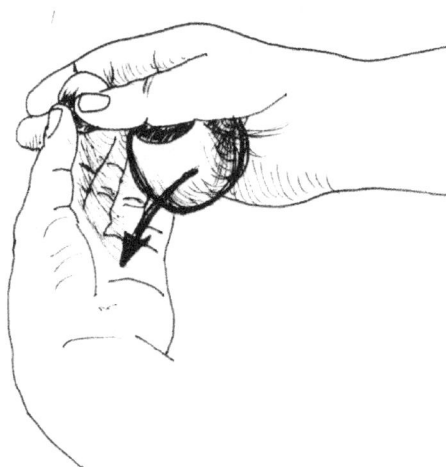

13.

Después de transferir visiblemente la bola pequeña de una mano a la otra, golpee la bola mediana sobre la mesa con la mano izquierda – que está con la bola grande empalmada – para verificarla y compare el tamaño de las dos con perplejidad (*figura 14*). Esta verificación debe ser casual y rápida. No ponga mucho énfasis en la bola mediana, más bien vuelva su atención rápidamente a la bola pequeña. Vuelva a poner la bola mediana sobre la mesa y transfiera la bola pequeña de vuelta a la mano izquierda, sosteniéndola con la punta de los dedos. La bola pequeña sirve de cobertura para el empalme de la bola grande oculta en esta misma mano (*figura 15*).

14.   15.

Al transferir la bola pequeña de vuelta a la mano izquierda, golpee el cono con la derecha y simule cubrir la bola mediana sobre la mesa realizando nuevamente el pase de Vernon sobre la mesa, sólo que ahora con la bola mediana (cf. *figura 6*). Empálmela con la mano derecha utilizando el empalme de dedos. La mano con la bola pequeña permanece inmóvil en la misma posición como muestra la *figura 16*. Ya con la bola mediana empalmada en la mano derecha, al ir a buscar la varita bajo la axila, suelta la bola mediana al interior del bolso pectoral del chaleco como muestra la *figura 17*. El chaleco está preparado con el *servante* de chaleco descrito en el Capítulo I.

16.

17.

Ahora, con la mano derecha libre y vacía, realice el mismo gesto de tomar la esencia de la bola (*figura 18*), simulando hacer una mayor fuerza, o sea, de forma más concentrada, pues eso preparará al espectador para la resolución del problema. Al realizar el gesto, mantenga la mirada fija en la punta de la varita, como si viese realmente la bola mediana pegada en la punta. Simultáneamente, durante el gesto, deje caer la bola pequeña al interior del agujero de la bola mayor, encajando ambas. Deje la bola invisible sobre la mano y de un soplo sobre el puño. Abra los dedos revelando la bola grande apoyada entre los dedos medio y pulgar, con la bola pequeña girada hacia atrás, oculta de la visión del público (*figura 20*). Bote el cono y muéstrelo completamente vacío.

18.

19.

20.

Deje la varita sobre la mesa y lance la bola grande de una mano a otra, manteniendo la bola pequeña girada hacia usted cuando realice esta acción. Al lanzar la bola de una mano a otra, con ambas manos bien abiertas y extendidas, usted estará dando al público tiempo para buscar las dos bolas más pequeñas que desaparecieron por completo. Esta acción y este tiempo son cruciales para que al espectador le sea imposible reconstituir mentalmente su *modus operandi*. Y la imagen final de la bola, el cono y las manos completamente vacías son las que quedarán en la memoria del espectador. En este instante el espectador quedará perplejo al constatar que la magia realmente ocurrió, a pesar del pequeño "accidente" en el camino.

XIII

Carga secreta en el cuerpo con el *Gravity Ball Holder*

Utilizo esta carga secreta en medio de mi rutina de salón, después de realizar un cambio de color de bola bajo el cono apoyado sobre la mesa. La carga ocurre en el instante entre la revelación de la bola que cambió de color sobre la mesa y cuando la coloco en equilibrio sobre la parte superior del cono, y nuevamente dejo sobre la mesa. La maniobra es tan rápida que se hace prácticamente imposible percibirla o concebirla como posible.

Material

Cono, dos bolas iguales, varita, mesa, Gravity Ball Holder.

Gravity Ball Holder

He creado este cargador para este pase específico de mi rutina de salón, con el fin de obtener la bola de la forma más rápida posible, al frente de los espectadores y sin interrupción alguna en medio del movimiento visible del pase. Se trata de un tubo de tela cosida, con una abertura lateral de 15 cm, como muestra la *figura 1*. En su parte superior, también cosida, hay una pequeña varilla de plástico fino que mantiene extendido la tela del saco cuando se pone un alfiler contra el paletó. La línea punteada indica el lugar de la costura.

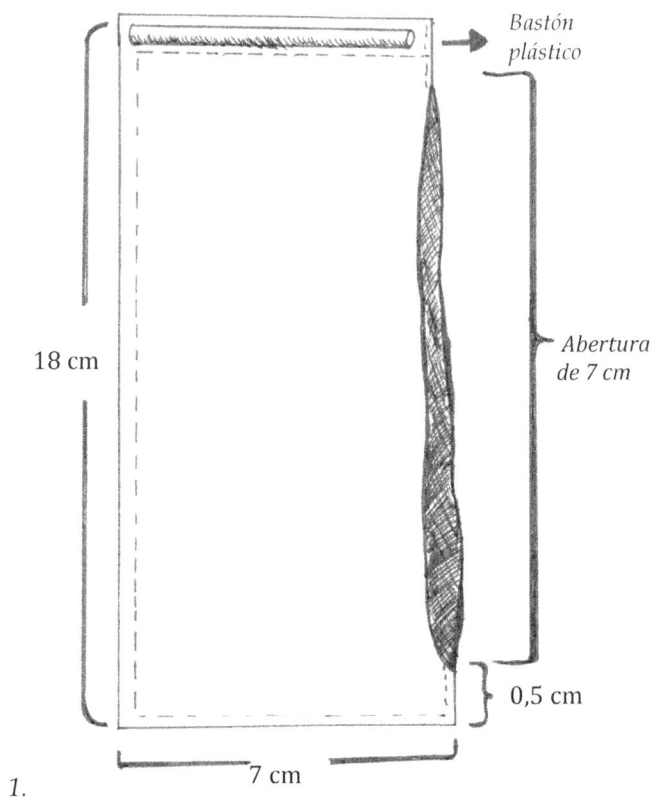

Bastón
plástico

18 cm

Abertura
de 7 cm

0,5 cm

1.

7 cm

Cuando se inserta en el cargador, la bola queda atrapada automáticamente en la abertura frontal, quedando retenida por las paredes laterales del tejido gracias a su peso. La bola queda retenida al interior de la pinza de tal manera que incluso realizando movimientos bruscos esta queda segura en su interior sin riesgo de caer. Es la acción de la fuerza de gravedad.

Para retirar la bola bastará un leve toque con la punta de los dedos en su base inferior. El toque libera la tensión ejercida por la bola en las paredes del cargador y hace que esta ruede libre a la palma de la mano, como muestran las *figuras 2 y 3*. Basta solo un simple toque y usted estará en poder de la bola de billar.

2.

3.

4.

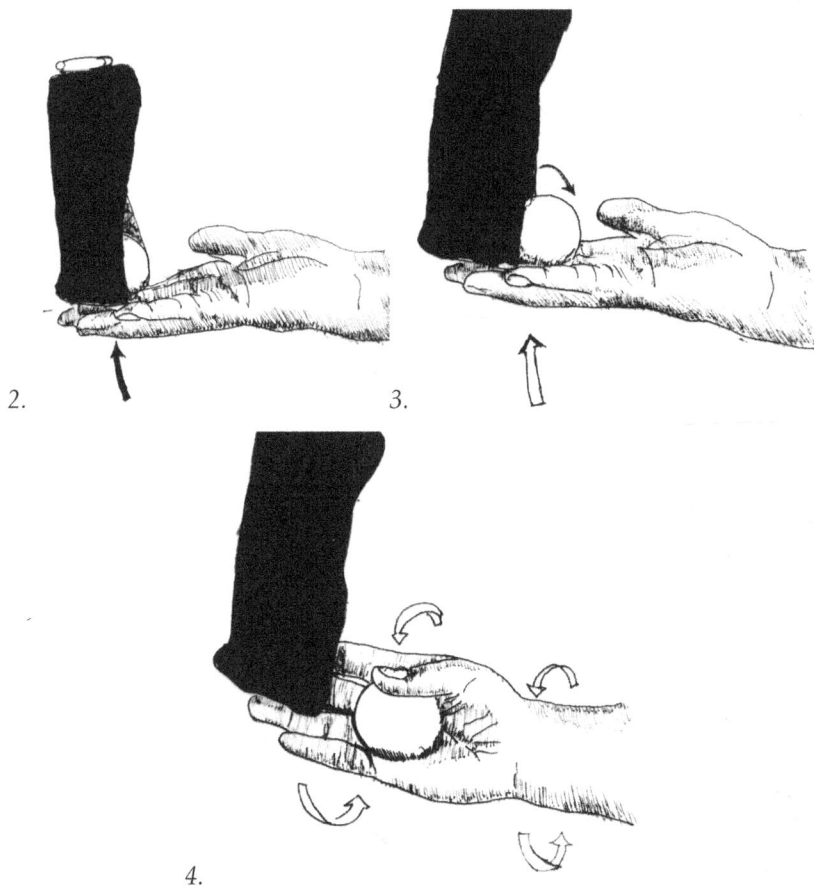

La velocidad con que el prestidigitador se hace secretamente con la bola es, de por sí, un elemento despistante formidable, pues, para el espectador, es inconcebible apoderarse de una bola de forma secreta en este cortísimo intervalo de tiempo. Como basta un simple toque para obtener la bola, no hay tensión alguna aplicada por la musculatura de las manos – lo que sería natural con el cargador de Nelson Downs, cuya boca está cerrada con una banda elástica, o el clásico cargador de bolas hecho de alambre. Estos modelos aprisionan la bola por presión, y exigen una aplicación de fuerza para empujarla antes de retenerla en un empalme.

Con esta pinza por el contrario, la bola rueda a la palma de la mano o al interior del cono sin tensión alguna o movimiento extra (ver secuencia de *figuras* 2, 3 y 4). La fuerza aplicada para retirar el agarre de la bola sería caracterizada como un movimiento secreto más, lo que no pasa desapercibido por el público a menos que haya cobertura con el cuerpo u otro artificio. Con el Gravity Ball Holder, la carga de la bola puede ser hecha invisiblemente, en medio de un movimiento natural realizado al frente del público, como veremos más adelante.

La *figura* 5 muestra algunas posiciones posibles para enganchar el cargador. Todo depende de las necesidades presentadas por la rutina a ser ejecutada.

5.

Carga secreta: Primera versión

Al levantar el cono con la mano derecha revelando la bola blanca que acaba de aparecer al cambiar de color – como se ve en la *figura* 1 – la atención del espectador estará enfocada en la bola sobre la mesa. Después de esta revelación, sigue un momento de relajación por parte del espectador. ¡La maniobra ocurre justo antes que se dé esta relajación! La mano izquierda va hacia la bola, a fin de tomarla para colocarla sobre la parte superior del cono. Simultáneamente la mano derecha, sostiene el cono por la boca entre el pulgar y los dedos índice y medio se alejan de la bola sobre la mesa, aproximándose al cuerpo del ejecutante, a la altura de la cintura – observe la *figura 2*.

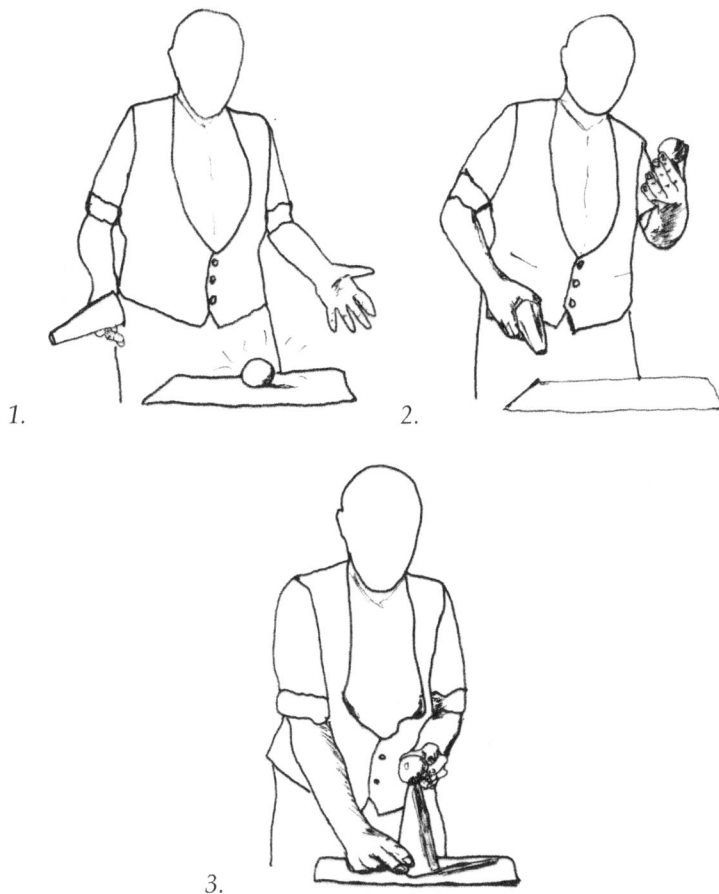

La otra bola está al interior del Gravity Ball Holder, presa bajo el chaleco de modo que la parte inferior del cargador con la bola sigue oculta, bajo la chaqueta, casi en el borde (*figura 4*). Cuando se aproximan la mano derecha y el cono al cuerpo, esta naturalmente toca este punto (observe nuevamente la *figura 2*). En el instante en que la mano y el cono se aproximan al chaleco, la punta del dedo anular de la mano derecha simplemente toca la base de la bola empujándola levemente hacia arriba (*figura 5*). Este leve toque es suficiente para liberar la bola del cargador y hacerla caer al interior del cono, como ilustra la *figura 4*. La gravedad se encarga del 50% del proceso.

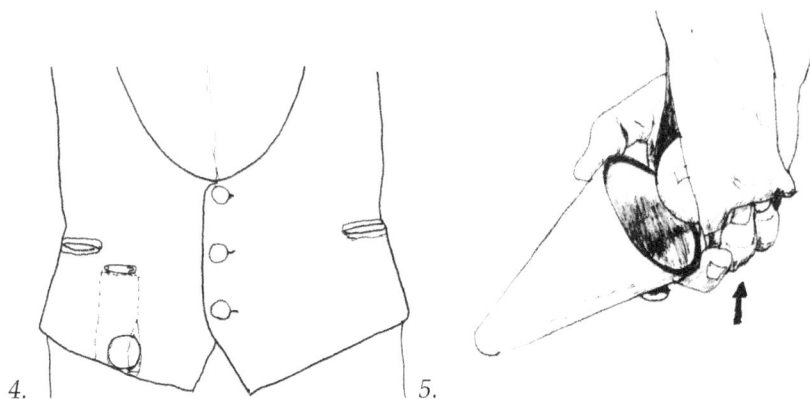

4.   5.

La carga ocurre exactamente en el mismo momento en que la mano izquierda toma la bola de la mesa. Por eso se debe parcticar exhaustivamente este pase para que los movimientos sean naturales y perfectamente sincronizados.

Después que la mano izquierda coge la bola, recoloca el cono, ahora cargado con otra bola, con la boca hacia abajo en el centro de la mesa y pone la bola de la mano izquierda en equilibrio sobre la parte superior del cono (*figura 3*). Ahora, basta hacer desaparecer esta bola, para que su duplicada sea producida bajo el cono o, como en mi rutina, penetre a través del pequeño orificio de la parte superior.

Segunda versión

En caso que se use una varita, hay otra forma de realizar la carga, cuya sutileza merece ser compartida aquí.

Proceda exactamente como en la descripción anterior, con la diferencia de que la mano izquierda sostiene una varita. Después de revelar la primera bola al interior del cono, coloque la varita bajo la axila derecha, a fin de liberar la mano izquierda para tomar la bola.

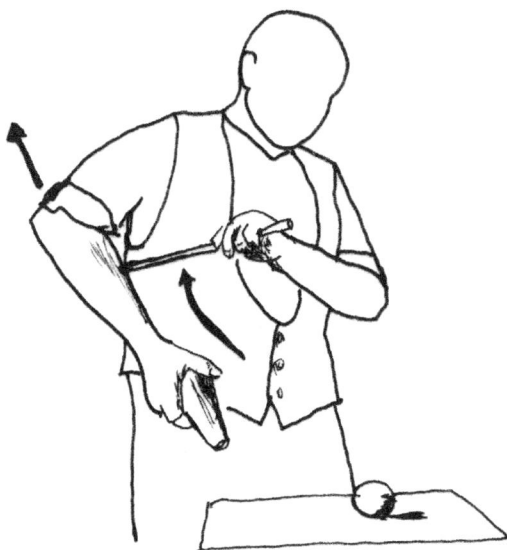

6.

El dedo anular de la mano derecha debe permanecer rígido e inmóvil en la posición ilustrada en la *figura 5*. Es el movimiento de separar el brazo derecho del cuerpo para recibir la varita bajo la axila, el que realiza la maniobra secreta. Cuando coloque la varita bajo la axila, naturalmente el brazo se dobla y el codo se levanta tal como muestra la flecha indicada por la *figura 6*. La mano derecha naturalmente se levanta en dirección de la bola oculta bajo el chaleco. Este movimiento hará que el dedo anular libere la bola automáticamente dentro del cono.

Este es otro ejemplo de cómo encontrar un espacio en la propia naturaleza de los movimientos absolutamente necesarios para la realización de una maniobra secreta.

XIV

Desaparición cruzada: versión I

Al estudiar manipulación de bolas es casi imposible encontrar alguna técnica directa para hacer desaparecer una bola. Exceptuando rarísimas excepciones, la mayoría de las desapariciones siempre son antecedidas por una falsa transferencia. ¿Pero cuál sería el efecto ideal? No es preciso mucho esfuerzo imaginativo para intuir que el efecto ideal debe ser directo: La bola está visiblemente en una mano; el mago cierra la mano ocultando la bola, hace el gesto mágico y, al abrirla, la bola no está más ahí. No hay espacio para una transferencia.

Percibimos entonces que la transferencia de la bola de una mano a otra se interpone entre dos momentos cruciales de la desaparición: a) el último atisbo de la bola por parte del espectador y b) la mano vacía, probando la desaparición de la bola. La transposición de una mano a otra es una interferencia extraña que, si no está plenamente justificada, atrae para si la atención del espectador, acusando el verdadero método empleado.

Toda la familia de falsas transferencias y falsos depósitos pertenecen a la categoría de *acciones en tránsito*. La acción en tránsito, en la perspectiva del espectador, no tiene importancia sustantiva en relación al efecto y por esta razón pasa desapercibida a los ojos del público. Pero desde la perspectiva del ejecutante, esta es fundamental para la ejecución de la maniobra secreta.

La clásica desaparición de una bola o de un objeto pequeño cualquiera se da de la siguiente forma: el mago muestra una bola con la mano derecha; transfiere la bola a la mano izquierda para tomar la varita en la mesa; golpea la mano izquierda con la varita y, al abrirla muestra que la bola ha desaparecido. La práctica

95

comprueba que esta desaparición es eficaz, aunque no es de forma alguna perfecta o impactante. Si la bola es la protagonista del efecto – y es la que irá a desaparecer - ¿por qué rayos la transfiero de una mano a otra con el fin de tomar la varita, en el instante crucial de la desaparición? Es cierto que la varita es la causa de la desaparición de la bola, pero el foco principal del efecto es siempre la bola. El acto de tomar la varita puede justificar la falsa transferencia, pero es injustificable del punto de vista del efecto. El resultado de este enfoque es la pérdida de importancia y de la fuerza del efecto, puesto que *el efecto en sí mismo se convierte en una acción en tránsito.*

Sin embargo, no abogo en contra de este pase, pues es perfectamente aceptable si está insertado en el contexto correcto. En la rutina de cubiletes de Vernon por ejemplo, la desaparición de las bolas durante la primera fase es primordial, por el simple hecho de que la desaparición de cada una de las tres bolas es sólo el paso inicial necesario para la realización del efecto total, que es la transposición de las bolas bajo los cubiletes en la mesa. Además, el mismo pase se repite tres veces antes de la reaparición de las bolas bajo los cubiletes. Por lo tanto, el pase de desaparición de las bolas en este caso no es el efecto central de la primera fase de la rutina, lo que lo relega a una importancia secundaria.

¿Pero es la desaparición de una única bola el efecto principal? ¿Es el clímax de la rutina la desaparición de una única bola? En este caso, el uso de una falsa transferencia para realizar este efecto sería poco elegante e inadecuado.

Por lo tanto, me propuse a crear algunas técnicas que permitiesen realizar la desaparición de una única bola de forma directa y sin falsas transferencias, para que el efecto fuera mínimamente potente y adecuado a esta circunstancia. Los próximos capítulos tratarán de estas técnicas y sus respectivas variantes.

Efecto

El mago muestra una bola de billar sobre la palma de su mano izquierda. Cierra la mano, sopla la mano cerrada y al abrir la mano, revela que la bola ha desaparecido.

Ejecución

Desarrollé este pase mezclando fragmentos de diferentes técnicas pertenecientes a otros efectos, recombinándolos con la finalidad de hacer desaparecer una bola sin realizar una falsa transferencia.

El pase consiste en una adaptación de la técnica utilizada en la rutina de transposición de tres monedas de Slydini[12]. El uso de una bola de billar en lugar de las monedas implica una serie de modificaciones y adaptaciones que lo transforman en un pase único. Otro elemento técnico fue prestado de un pase para hacer desaparecer una bola que era parte de la rutina de Cardini y que fue publicada en 1914 en la página 388 del libro *"La prestidigitation sans apparails"* de Camille Gaultier. De esta desaparición, utilizo sólo la posición inicial que retiene la bola entre los dedos meñique e índice. Esta posición inicial, originalmente visible al espectador, fue utilizada como una posición secreta para transportar invisiblemente la bola de una mano a la otra.

Muestra la bola sosteniéndola entre los dedos índice y pulgar de la mano derecha como muestra la *figura 1*. Suelta la bola en la palma de la mano izquierda y apunte a ella con el índice de la mano derecha como en la *figura 2*. El cuerpo debe de estar posicionado en ¾ (o sea, 45° en relación a esta). Observe bien las ilustraciones pues estas representan el punto de vista del espectador, debido a que el ángulo del cuerpo en relación a los espectadores durante la ejecución es esencial para la eficacia del efecto. Por esa razón, estudiaremos primero la posición del cuerpo y enseguida los pormenores de la manipulación.

---

[12] *"Six silver coins through the air"* en *The Annotated Magic of Slydini*, por Lewis Ganson, p. 151.

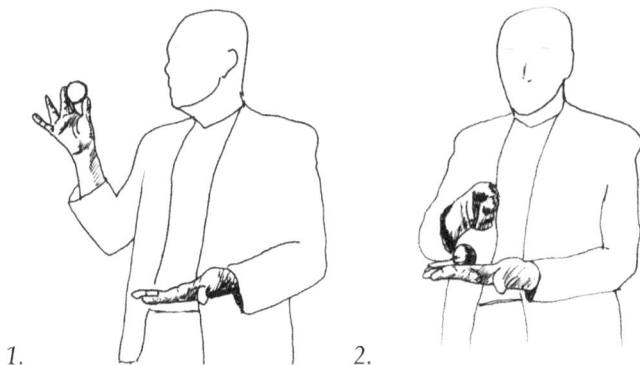

1. 2.

Mantenga la mano derecha, con el índice apuntando a la bola, inmóvil. Cierre la mano izquierda ocultando la bola como muestra la *figura 3*. Cuando esté en la posición de la figura 3, coloque todo el peso del cuerpo apoyado en la pierna derecha. Al cerrar la mano avance el brazo izquierdo al frente, manteniendo la mano derecha inmóvil y cubriéndola con el brazo izquierdo. La mirada debe estar fija en la mano izquierda, que aparentemente contiene una bola (*figura 4*).

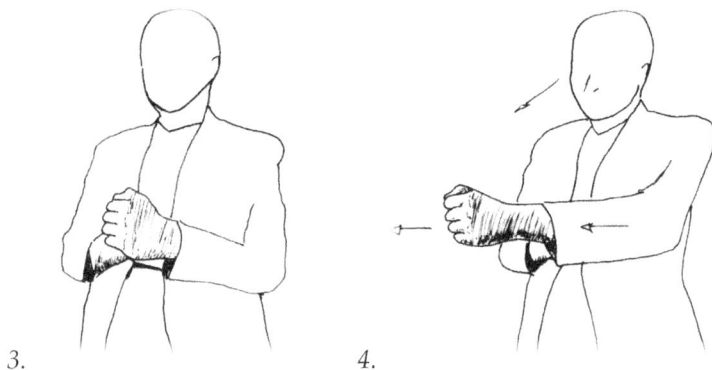

3. 4.

Al terminar el movimiento del brazo izquierdo hacia el frente, el cuerpo entero gira en su propio eje de derecha a izquierda y, simultáneamente, levanta el puño izquierdo con la mano cerrada asumiendo la posición de la *figura 5*. Las flechas indican el giro del cuerpo. Para efectuar este giro basta transferir el peso del cuerpo de la pierna izquierda a la derecha. Esto hará que el cuerpo gire naturalmente a la posición de la *figura 5*.

Ahora basta soplar la mano – gesto mágico que justifica la posición de la mano izquierda mostrada en la *figura 5*, - y abrirla mostrando que la bola desapareció (*figura 6*).

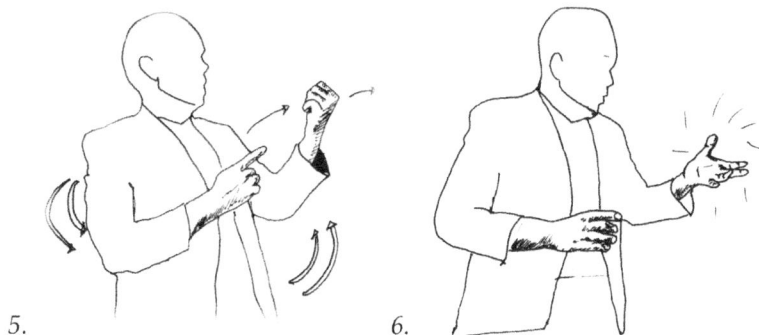

5.   6.

Pasemos ahora a los pormenores de la técnica manipulativa empleada para escamotear la bola durante los movimientos descritos arriba.

La *figura 7* muestra desde otro ángulo la posición correspondiente a la *figura 2*, en la cual el mago apunta a la bola. Al cerrar la mano izquierda para ocultar la bola, el puño gira con el pulgar en dirección hacia el cuerpo, dejando el dorso de la mano de cara al público (ver nuevamente la *figura 3*).

En realidad, la mano no envuelve la bola en su totalidad sino que asume una posición en la que simula contener la bola en su interior, cuando en verdad la bola está hacia afuera de la mano apoyada por el tenar y a yema del dedo medio (cf. apoyo de la mano cerrada en el *Capítulo I*). Esta posición no sólo simula contener la bola en la mano, sino que también permite soltar la bola sin que los dedos de la mano se muevan, simplemente liberando la presión del dedo medio, el único apoyo de la bola. Observe la *figura 8* y la *figura 9* (visto de arriba).

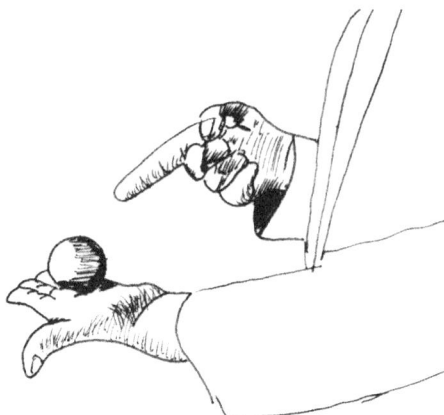

7.

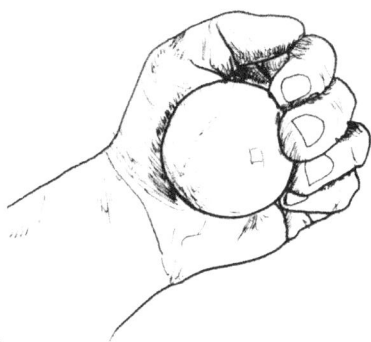

8.

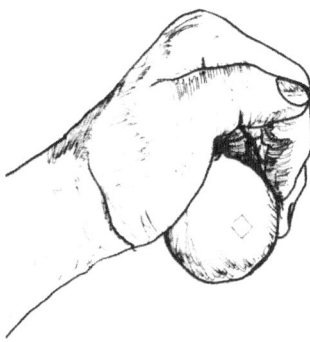

9.

Cuando la mano izquierda gira para ocultar la bola, su posición cubre la visión del público de la mano derecha, que está apuntando a la bola (cf. *figura 3*). En este momento la mano derecha se mantiene inmóvil extendiendo sólo el dedo meñique, con el fin de apoyar la bola, como muestra la *figura 10*. Esta es la posición con la cual la mano derecha "roba" la bola de la mano izquierda. Observe en la *figura 11* que al girar el puño y "cerrar" la mano izquierda, la bola se encaja automáticamente entre los dedos de la mano derecha, simplemente necesitando extender el dedo meñique para apoyar la bola. Recuerde que el dedo meñique sólo se extiende cuando ya está cubierta la visión de los espectadores.

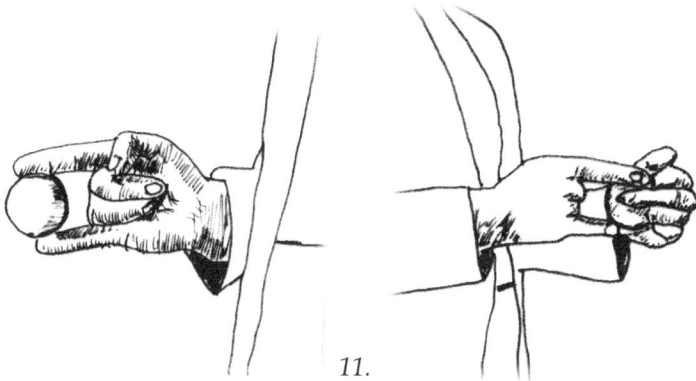

10. 11.

Inmediatamente después de apoyar la bola entre los dedos meñique e índice de la mano derecha, se debe retraer la bola hacia la palma de la mano y asumir la posición de empalme. Eso se hace con la ayuda de los dedos medio y anular de la mano derecha mientras el dedo índice permanece inmóvil. El movimiento de retraer la bola es el equivalente de la clásica técnica falsa de enseñada *Back and Front*, realizada con cartas. Hecho esto, los dedos medio y anular llevan la bola al empalme *Cupping*. Vea la *figura 12*.

El empalme de la bola ocurre cuando el brazo izquierdo se mueve hacia adelante, ocultando toda la maniobra (*figuras 13 y 14*). Cuando termine de empalmar la bola, vuelva a extender el dedo índice, como si la mano jamás se hubiese movido desde el instante que apuntó a la bola, como muestra la *figura 15*.

Este pase debe estar perfectamente coordinado con el movimiento del cuerpo descrito anteriormente. Estudie ambos separadamente y después intente coordinarlos. La acción total dura apenas algunos segundos. Es importante enfatizar los momentos de las *figuras 2, 5 y 6*, que corresponden respectivamente a la fase expositiva (mostrar la bola), gesto mágico (soplar la bola) y la fase de comprobación (revelar que la bola desapareció). Los otros momentos son acciones en tránsito y deben fluir con naturalidad, pues serán olvidados posteriormente por el espectador.

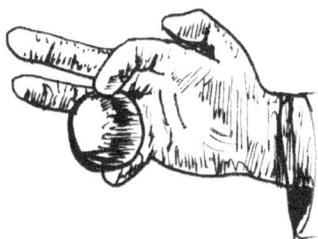

12.

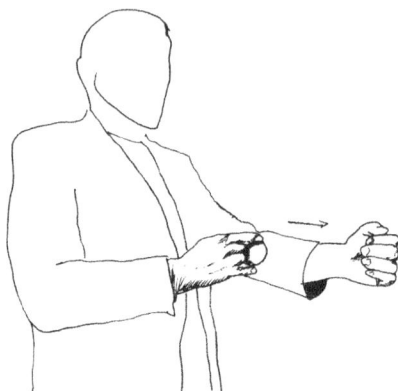

13.

14.

15.

XV

Desaparición cruzada: versión II

Este pase es una variación del anterior, con la diferencia de que se utiliza una varita. La varita cumple las funciones de aumentar la distancia entre las manos – actuando como un obstáculo físico entre ellas - despistando psicológicamente al espectador y agregando cobertura al pase.

Efecto

Una bola de billar desaparece en las manos del mago con un simple golpe de la varita.

Material

Una bola de billar, una varita, un *servante* de faja.

Ejecución

Proceda exactamente de la misma forma que el pase descrito en el capítulo anterior. Aprenda los movimientos del pase anterior antes de estudiar este. Como ya fue dicho, la única diferencia está en el uso de una varita que ayudará a despistar mejor al espectador y hacer el efecto más limpio. La varita dará la ilusión de que la mano derecha – la mano que ejecuta la maniobra secreta – jamás se aproxima a la mano izquierda, que a su vez contiene la bola de billar. Observe en la *figura 1* que la varita es una extensión del dedo índice. Ahora en vez de apuntar a la bola con el dedo índice de la mano derecha, como fue descrito en el pase del capítulo anterior, la varita realizará un gesto parecido, que es el de golpear la parte superior de la bola para comprobar su solidez.

Aunque la acción sea otra, el movimiento es exactamente el mismo.

Golpee tres veces la bola con la varita para comprobar su solidez, como muestran las *figuras 1 y 2*. Después del tercer golpe enderece la varita a la posición de la *figura 1* y cierre la mano izquierda a fin de ocultar la bola, girando el puño en dirección del cuerpo, como muestra la *figura 3*. Estudie las *figuras 1 a la 7* y perciba que se trata exactamente de la misma secuencia de movimientos descrita en el capítulo anterior. La secuencia de ilustraciones muestra el punto de vista del espectador y el modo como percibe el efecto.

1.

2.

3.

4.

5.

6.

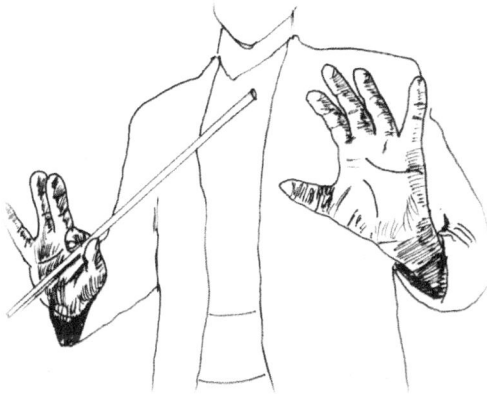

7.

Pasemos ahora a los detalles ocultos de la ejecución. Al dar el primer golpe a la bola con la varita, haga de modo que su hombro derecho esté apuntando a los espectadores, o sea, a su posición en relación a la vista de los espectadores es la misma que la mostrada en la *figura 8*. Note que hay una distancia considerable entre la mano derecha y la bola. Esto marcará en la mente del espectador que hay una distancia fija entre la mano que sostiene la varita y la bola. En el segundo golpe, comience a girar el cuerpo asumiendo la posición de la *figura 1*. La *figura 9* muestra la posición final del movimiento del punto de vista del espectador.

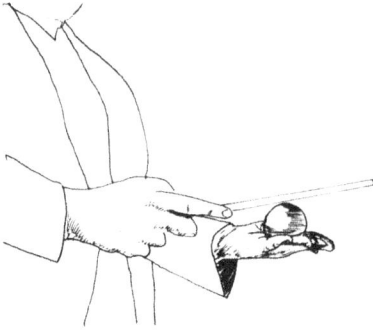

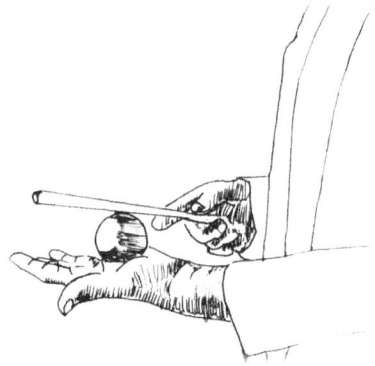

8.   9.

Cuando el puño de la mano izquierda gira para ocultar la bola en su interior, esta debe asumir la posición de apoyo externo, tal como fue descrita en el capítulo anterior. En este mismo movimiento, la mano derecha automáticamente se aproxima a la bola para escamotearla mientras levanta la punta de la varita en un ángulo de aproximadamente 80°. Observe en las *figuras 10 y 11* que la mano derecha realiza exactamente la misma maniobra del pase descrito en el capítulo anterior, con la diferencia de que esta sostiene la varita con el pulgar.

Observe también que la varita agrega la ilusión de distancia, pues sirve de medida de referencia del espectador, anteriormente condicionado por los golpes a la bola tal como muestra la *figura 8*. Los golpes establecerán la distancia entre la mano y la varita. Lo que el público no sabe es que al levantar la punta de la varita y girar el puño de la mano izquierda para ocultar la bola, ambas manos automáticamente se aproximan, posibilitando la realización del escamoteo. La secuencia de movimientos explicada en las *figuras 10 a la 13* es auto explicativa.

10.

11.

12.

13.

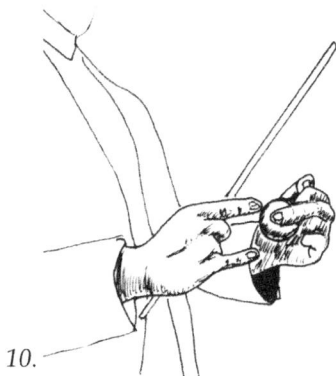

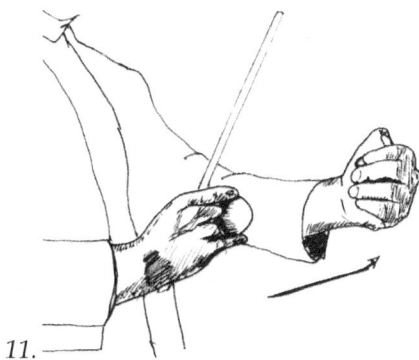

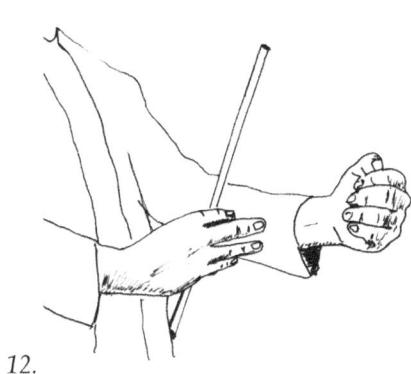

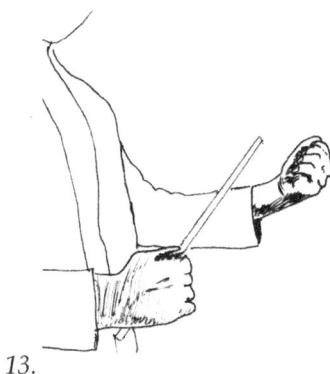

Por estar sosteniendo una varita, la posición de empalme de la bola después del escamoteo debe ser otra. La posición es semejante a la posición de apoyo externo, en la cual la bola es sostenida entre las yemas de los dedos índice y medio y, por otro lado, por la base del tenar. Al mismo tiempo la varita es sostenida entre el pulgar y la falange proximal del indicador como muestran las *figuras 14 y 15*. Esta posición permitirá soltar la bola en cualquier momento, sin que haya interferencia en la posición de la mano o bien de la varita. Estando la bola en este posición, nada mejor que sacar provecho del *servante* de faja para rematar la desaparición.

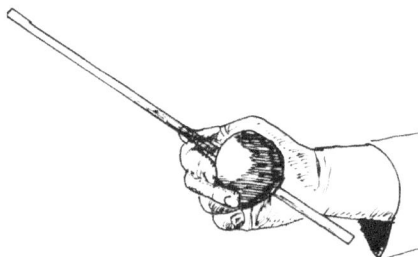

14.   15.

Observe la *figura 16* y vea que la posición de los brazos en relación al cuerpo instantes antes de la desaparición de la bola – que se da al abrir la mano izquierda – permite que la gravedad haga el resto del trabajo. Cuando asuma esta posición, basta soltar la presión de los dedos índice y medio de la mano derecha, dejando que la bola, por la fuerza de gravedad, caiga al interior del *servante* de faja, como muestran las *figuras 16 y 17*. Al soltar la bola no haga movimiento extra alguno. Mantenga los dedos de la mano derecha inmóviles y coloque toda su atención en la mano izquierda, o sea, en la desaparición de la bola.

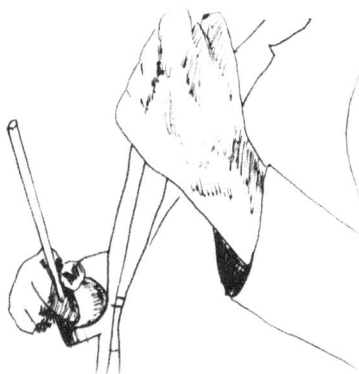

16.

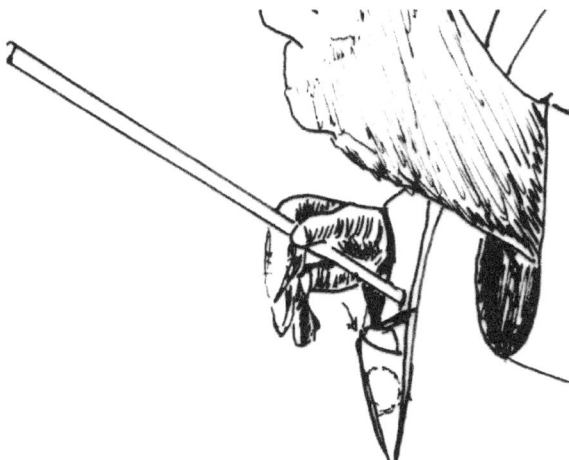

17.

Después de mostrar que la bola desapareció por completo en la mano izquierda, mire al público, relaje y muestre ambas manos vacías, de forma casual y natural, evitando cualquier énfasis innecesario (*figura 18*). Recuerde: el efecto ya ocurrió y usted no necesita probar nada más al espectador. "Casualmente", el ejecutante se debe posicionar con las manos abiertas mostrando que la bola EVIDENTEMENTE DESAPARECIÓ.

18.

XVI

Desaparición "perfecta"

Efecto

El mago tiene entre sus manos una bola de billar. Este cierra su mano ocultando la bola. Al abrirla, revela que la bola desapareció. Ambas manos están completamente vacías.

Material

Una bola de billar, un *servante* de faja.

Ejecución

Creé este efecto por casualidad. Estaba improvisando delante de la cámara conectada, jugando con la bola de billar en mis manos ejecutando pases sin éxito. En un momento dado, frustrado por el fracaso, me perdí en mis pensamientos y dejé casualmente rodar una bola de una mano a la otra, sin que ambas manos se moviesen. Después, al ver la filmación, pasé un gran susto pues en aquel instante de pausa y frustración la bola desapareció completamente de mis manos sin que hubiese realizado ningún movimiento técnico aparente. La bola estaba ahí, y en seguida, ya no estaba más.

Siguieron algunos meses de desarrollo después de lo ocurrido y finalmente llegué a esta desaparición, sólo se suma el servante del cinturón para realizar la limpieza final.

Después de estudiar el movimiento más de cerca percibí que se trataba de una variante del pase de Vernon, aunque sin cono. Los dedos de la mano izquierda – que sostienen la bola al inicio del pase – cumplen la misma función del cono, que es la de ocultar la bola antes de la desaparición, sirviendo de cobertura para el movimiento secreto. Esencialmente el movimiento es muy semejante, pues parte de las mismas posiciones de manos del *Pase Básico de Vernon,* aunque con pequeñas variaciones.

Veamos cómo ejecutarlo:

Coloque la bola sobre la mano izquierda extendida como muestra la *figura 1.* Lleve la mano derecha hacia la parte posterior de los dedos de la mano izquierda con la intención de ayudar a su cierre, como se muestra en la *figura 2.* Observe la *figura 3* que la mano derecha toca la parte posterior de los dedos de forma suave. Esa mano permanece totalmente inmóvil y el pulgar ya está en posición de empalme Tenkai, pronta para recibir la bola. En verdad, quien realiza todo el movimiento es el antebrazo izquierdo. Es de vital importancia que los dedos y músculos de la mano derecha permanezcan inmóviles al recibir la bola en el empalme, como veremos a continuación. Es este detalle el que hará convincente el pase.

1.

2.

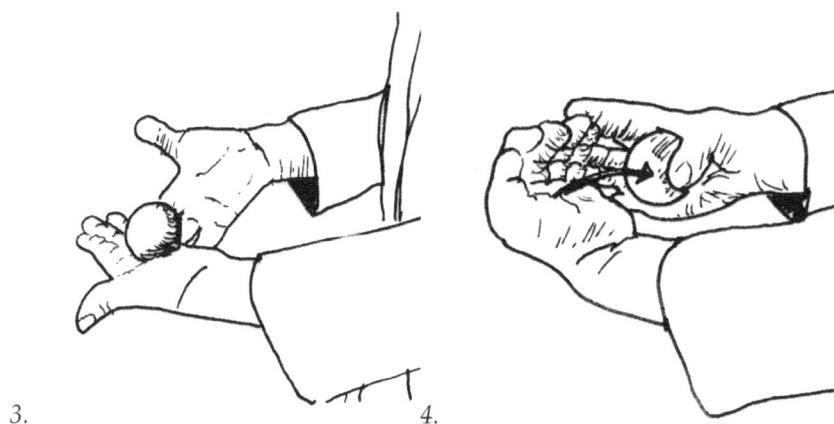

3.   4.

Al cerrar la mano izquierda para cubrir la bola de la vista de los espectadores, deje que la bola ruede a la palma de la mano derecha, recibiéndola con el pulgar directamente en posición de empalme Tenkai (*figura* 4). Mantenga los dedos de la mano derecha inmóviles y baje la mano hacia el límite del cinturón al mismo tiempo que la mano izquierda vacía – simulando tener la bola – se alza en sentido contrario, al mismo tiempo en que gira levemente el puño en sentido horario, como muestran las *figuras 5 y 6*. El movimiento del brazo izquierdo parte del codo. La mano derecha, al acercarse al borde del *servante*, simplemente afloja el pulgar, dejando caer la bola en su interior. Mantenga toda su atención en la mano izquierda. Gire el puño de la mano izquierda, todavía simulando contener la bola, y con la mano derecha – todavía posicionada como si estuviese empalmando la bola en Tenkai, se aproxima a la parte posterior de la mano derecha para realizar el gesto mágico, frotando la punta del dedo medio sobre el dorso de la mano izquierda como muestra la *figura 7*.

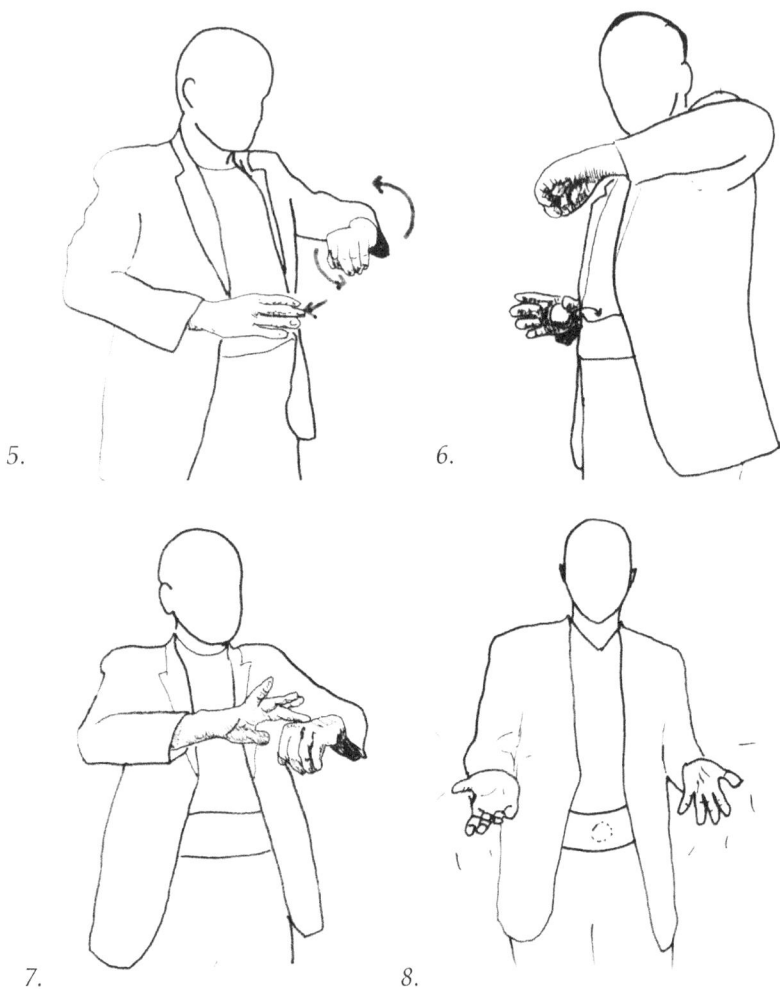

5.

6.

7.

8.

Este gesto tiene dos funciones: la primera es de realizar el gesto mágico que causa la desaparición; la segunda es mostrar la mano derecha vacía de forma indirecta y sutil.

Abra lentamente los dedos de la mano izquierda y muestre ambas manos completamente vacías, como en la *figura 8*. Un efecto perfecto para finalizar cualquier rutina con bolas y cuya eficacia fue comprobada por la práctica muchas veces, incluso engañando a muchos magos experimentados.

XVII

Desaparición "perfecta" usando una varita

El presente efecto es una variante del anterior. La utilizo en mi rutina de escenario y es parte de la fase que denomino "transposición perfecta", en la que la bola desaparece de mi mano izquierda y reaparece bajo el cono que está sobre la mesa. En mi rutina, la bola, al reaparecer bajo el cono, rueda sobre la mesa sin que yo la toque. Pero nos limitaremos aquí sólo a la desaparición.

Ejecución

Proceda como en el efecto anterior, sólo que sosteniendo una varita entre los dedos de la mano derecha como muestra la *figura 1*. La varita es sostenida por la presión de la parte posterior del dedo medio y la parte frontal de las falanges medias de los otros dedos. Para más detalle observe la *figura 7*. Acerque la mano derecha a la izquierda exactamente como en la "desaparición perfecta", pero use la varita para tocar la parte posterior de los dedos de la mano izquierda, ayudándola a cerrarse. La varita agrega cobertura al pase y dará la impresión psicológica de que la mano derecha jamás tocó la izquierda. Vea la secuencia de *figuras 1 a la 6*, que presentan la perspectiva del espectador, para estudiar el movimiento de los brazos.

1.

2.

3.

4.

5.

6.

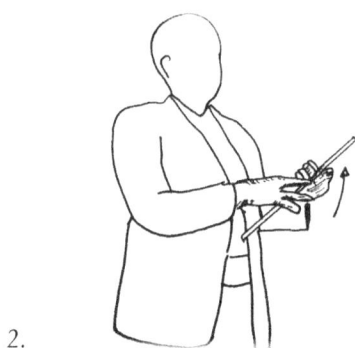

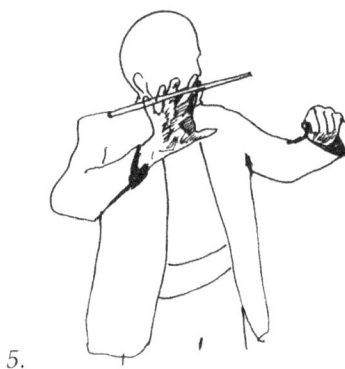

   Tras realizar la maniobra secreta de empalmar la bola (instante representado en la *figura* 2), lleve la mano derecha hacia abajo, al mismo tiempo que sube la mano izquierda girando simultáneamente su puño. Durante este movimiento, deslice el dorso de la mano izquierda a lo largo de la varita como muestran las *figuras 3 y 4*. Cuando llegue a la posición de la *figura 4*, suelte la bola en el *servante*, manteniendo inmóviles los dedos y músculos de la mano.

Al hacer eso, toque con la varita el dorso de la mano izquierda cerrada, mostrando casualmente que la palma de la mano derecha está totalmente vacía (sutilmente, sin enfatizar demasiado). Toque con la varita sobre la mano izquierda y abra lentamente dedo tras dedo, revelando que la bola desapareció. Vea las posiciones de las *figuras 5 y 6*.

Detalles técnicos:

Al inicio del pase la bola rodará hacia la mano derecha y caerá en posición de empalme Tenkai con los dedos abiertos y extendidos y apoyados en la varita, como muestra la *figura 7*.

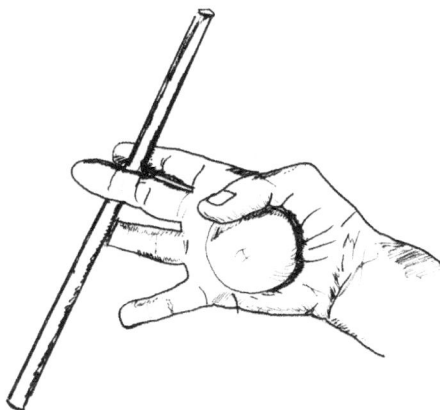

7.

Al acercar la mano derecha a la izquierda, el pulgar debe mantenerse inmóvil, posicionado como si estuviese sosteniendo la bola en empalme Tenkai. Vea la posición en la *figura 8*. La mano derecha se mueve como un solo bloque, girando en su propio eje a partir del movimiento del antebrazo. Es por esta razón que los dedos de la mano derecha se mantienen inmóviles durante la trayectoria: la gravedad y el peso de la bola realizan la maniobra secreta por sí solos y no los músculos de la mano. Estudie las *figuras 9 y 10.*

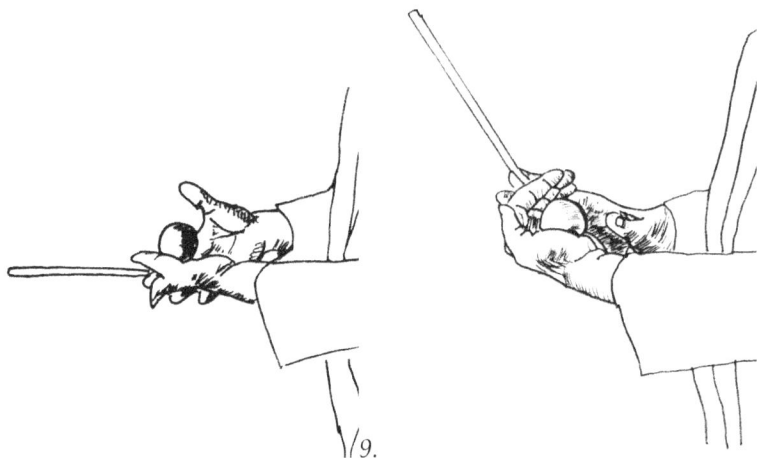

8.

9.

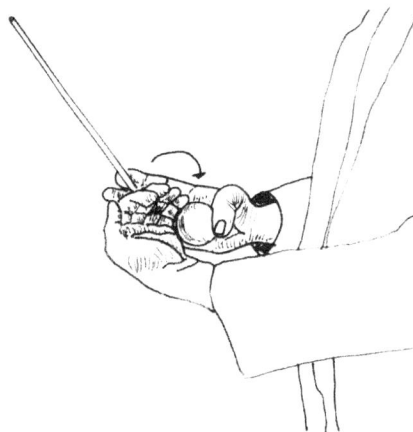

10.

Al transferir la bola secretamente de una mano a otra, la mano izquierda, simulando contener la bola, gira en su propio eje mientras se desliza a lo largo de la varita hasta su punta, alejándose de la mano derecha. Esta, a su vez, naturalmente se aproxima al *servante* (*figura 11*). Observe en la *figura 12* que el movimiento debe partir desde el codo izquierdo que se mueve en el sentido apuntado en la ilustración. Este detalle fue muy utilizado por Slydini en muchos pases con monedas y bolas de papel. Al realizar el movimiento no piense en subir la mano pero imagine que el movimiento empieza a partir de su codo, como si estuviese siendo empujado por su extremidad hacia la izquierda en un ángulo de 45° en relación al mismo. Solamente después de este momento, como continuación natural del movimiento del codo, es que la mano se levanta, como muestra la *figura 13*. El movimiento que parte del codo crea visualmente un vector irresistible a la mirada del espectador, que es llevado en sentido contrario a la segunda maniobra secreta, en la cual la bola es descargada al *servante*.

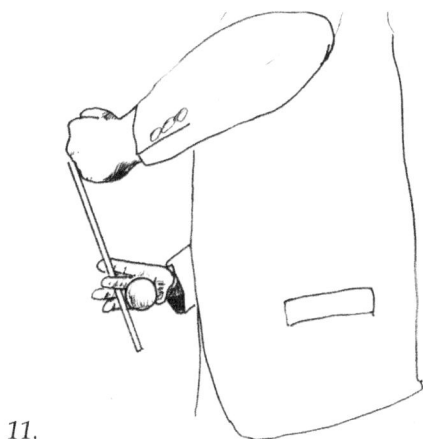

11.

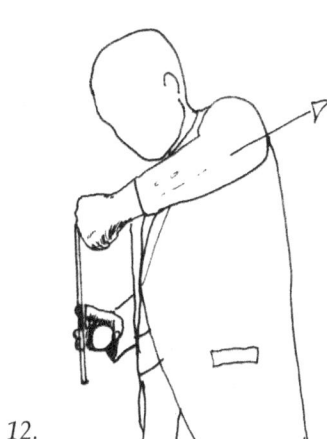

12.

13.

14.

Recuerde que la gravedad debe hacer todo el trabajo en relación a la bola. Cuando la mano derecha se aproxima al servante, basta soltar el pulgar y mantener la mano inmóvil. De hecho, en realidad sólo se mueven sus brazos y no sus dedos. Eso produce una sensación de limpieza en los movimientos.

Cuando haga desaparecer la bola, al golpear con la varita, sienta muscularmente su desaparición en la mano izquierda. Un truco para hacer de este momento creíble es relajar completamente los músculos de la mano izquierda, sin que esta cambie de posición, o sea, se debe alterar la tensión de la mano en el instante que esta desaparezca. Estudie con la bola realmente en su mano cuál es la tensión y fuerza empleada por la musculatura de la misma. Después entrene simulando la misma tensión sin la bola. Tenga en cuenta que la tensión no sólo es de la mano, sino también de los músculos del antebrazo. Observe la diferencia entre la tensión cuando la mano oculta una bola y el relajamiento de los músculos cuando la mano está sin la bola. Cuando toca la mano con la varita y la bola "desaparece", bastará relajar los músculos tensados y después abrir la mano, dando la impresión concreta y verdadera de que la bola se disolvió de verdad en la palma de la mano. Haga lo mismo en otros pases y verá la diferencia de calidad.

Recuerde que el público sólo ve lo que está sucediendo en el pensamiento y el alma del artista, si estos pensamientos se traducen en acciones y reacciones físicas en el cuerpo del artista. No basta creer que la bola desapareció, también se debe simular físicamente los detalles de la desaparición para usted mismo, de modo de crear acciones análogas que, aunque invisibles a los espectadores, son reales y concretas al ejecutante. Garantizo que la atención sobre estos pequeños detalles, ampliará exponencialmente la calidad de un efecto por aproximarlo aún más a la realidad concreta de los hechos.

XVIII

Desaparición "perfecta" con un pañuelo

Efecto

El mago hace desaparecer una bola de billar al mismo tiempo que la limpia con un pañuelo.

Material

Un pañuelo de seda de 60 x 60 cm y una bola.

Ejecución

Proceda exactamente como fue descrito en la *"Desaparición 'perfecta' I"*. La técnica es idéntica, con la única diferencia de que se realiza el pase con un pañuelo extendido sobre la palma de la mano izquierda.

Abra la mano izquierda y coloque sobre esta el pañuelo, de modo que su centro cubra toda la superficie de la mano, como se muestra en la *figura 1*.

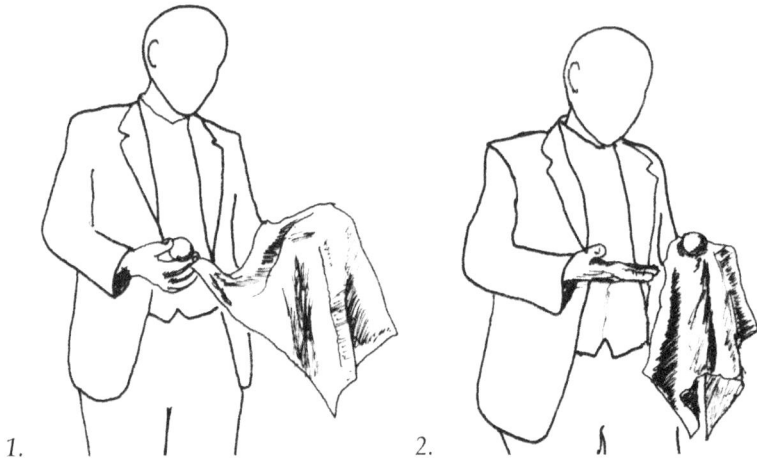

1.   2.

Tome la bola con la mano derecha, mírela e identifique una pequeña mancha en su superficie. Coloque la bola sobre el pañuelo en el centro de la palma de la mano izquierda. Limpie la bola envolviéndola con los dedos izquierdos y rozando el pañuelo alrededor de la bola. La mano derecha permanece próxima a la mano izquierda durante esta operación, como muestra la *figura* 2. Abra la mano izquierda nuevamente de modo que la bola se vea, como en la *figura* 2.

Ahora realice la técnica de desaparición perfecta, transfiriendo secretamente la bola para el empalme de la mano derecha. La única diferencia es que la mano izquierda, al simular ocultar la bola nuevamente, continúa moviendo los dedos como si estuviese limpiando nuevamente la bola (*figura 3*).

3.

4.

5.

En este intertanto, la mano derecha que empalmó la bola en posición Tenkai, toma la punta del pañuelo que está más próxima al ejecutante, como muestra la *figura 3*, mientras la mano izquierda simula limpiar la bola. Al sostener la punta del pañuelo, la mano asume la posición de empalme Tenkai. Este detalle da una función a la mano que tiene la bola empalmada, agregando un elemento de cobertura para el empalme y justificando la posición de la mano.

Después de limpiar la bola, abra la palma de la mano izquierda bruscamente, extendiendo al máximo los dedos, de modo que el pañuelo, que estaba arrugado cuando estaba limpiando la bola, esté listo y extendido sobre la palma de la mano (observe la *figura 4*). Al hacer esto, se revela que la bola ha desaparecido. Es la acción brusca de abrir la mano la que dará impacto al efecto.

Al darse cuenta que la bola desapareció, con la mano derecha tire el pañuelo por la punta que estaba sosteniendo, revelando la palma de la mano izquierda completamente vacía (*figura* 5).

XIX

Producción gradual de una bola

Esta es probablemente una de mis creaciones más originales, tanto en lo que concierne al efecto mágico, como en cuanto a la técnica empleada para su realización. La creación del presente efecto no partió de variaciones de pases ya conocidos, no fue inspirada por otro efecto ya existente, sino que se originó en medio de experimentaciones y reflexiones sobre el problema de *prueba x evidencia*. Quería crear un efecto en el cual no fuese necesario probar que las manos estuviesen vacías durante la fase expositiva y que ese dado fuese evidente por la propia composición del efecto.

Algunos años después de su creación – ocurrida en 2008, al inicio de mis experimentos con el cono y la bola – encontré una técnica semejante, utilizada para un mismo fin, publicada en el libro *"Sleights"* de Burling Hull. A pesar de ser prácticamente el mismo principio, la producción es completamente diferente. Aunque estoy feliz por haber llegado a una solución muy parecida a la de Burling Hull, confieso mi frustración al encontrar algo tan parecido publicado con casi 100 años de existencia (¡el libro es de 1914!). Nada nuevo bajo el sol...

Sincronicidades aparte, el efecto en toda su extensión no se asemeja a nada que haya visto o leído anteriormente en la literatura mágica. Sigue entonces la explicación detallada de esta bella aparición, que podría ser clasificada como una *producción gradual y semi-cubierta de una bola*.

Efecto

El mago muestra un pañuelo de seda doblado entre las puntas de los dedos. Ambas manos están estiradas y

125

evidentemente vacías. Se abre el pañuelo y muestra de ambos lados, soplando en el centro para resaltar la liviandad del pañuelo de seda, como también la ausencia de cualquier elemento extraño (*figuras 1 a la 3*). Las palmas de las manos están siempre abiertas y a la vista de los espectadores durante la enseñada del pañuelo, como se observa en las figuras abajo.

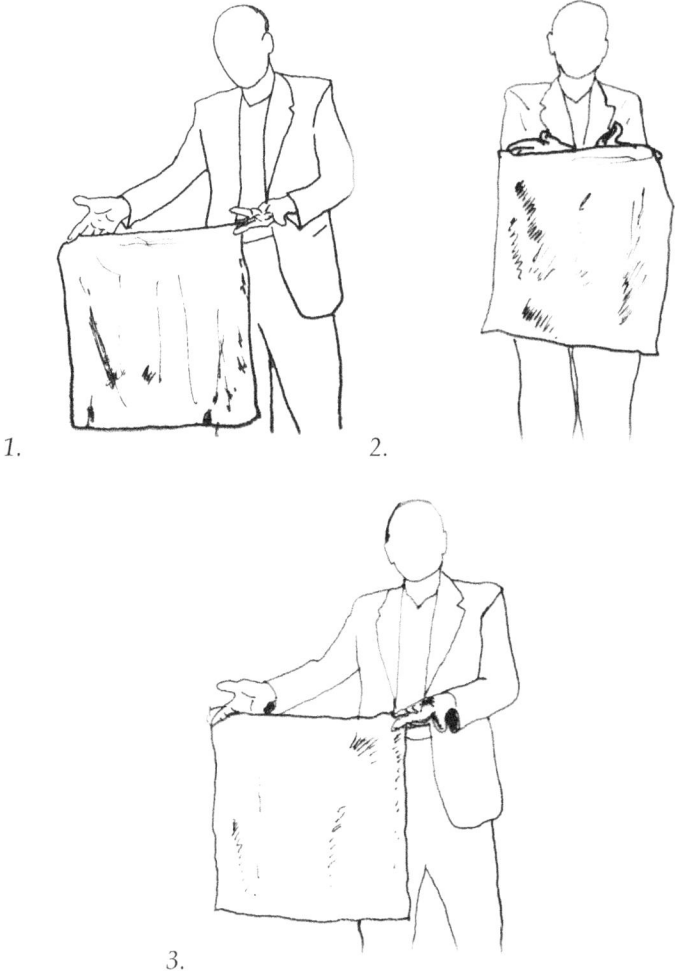

1.

2.

3.

En seguida, coloca el pañuelo sobre la palma extendida de la mano derecha (*figura 5*) y con la otra mano también estirada golpea la palma de la mano derecha por encima del pañuelo, mostrando así que ambas manos siguen vacías. Hecho eso, el mago sopla sobre el pañuelo y, lentamente, una forma esférica comienza a aparecer, creciendo hasta alcanzar el tamaño y forma de una bola de billar, como se ve en las *figuras 5, 6 y 7*.

Al tirar del pañuelo, muestra una bola de billar sobre la palma de la mano derecha. El prestidigitador deja caer la bola sobre el piso, que produce el sonido característico de las bolas de billar, comprobando la solidez y autenticidad de la bola.

5.

6.

6.

Técnicas necesarias

Harada Grip, empalme clásico, punto fijo.

Material necesario

Una bola de billar; un pañuelo de seda opaco de aproximadamente 60 x 60 cm.

Ejecución

Harada grip:

La técnica básica para la ejecución de la fase expositiva del efecto, consiste en retener la bola entre los dedos meñique y anular, como muestra la *figura 7*. Esta posición permite mostrar la palma de la mano vacía de forma natural, debido a que la posición y fuerza muscular utilizada por el dedo meñique y anular no afectan al resto de la mano. Más aún, todos los otros dedos están libres para moverse y sostener algún objeto que cubra la bola de la vista del público. Se puede utilizar esta técnica para mostrar un pañuelo, una hoja de papel, una bolsa de tela (ideal para la bolsa y huevo) y al mismo tiempo retener un objeto sólido cualquiera, dando la impresión de que la palma y la parte posterior de la mano están vacías. Bolas, huevos, tazas, y otros objetos de tamaño semejante pueden ser utilizados, mientras que sea posible retenerlos entre los dedos meñique y anular.

Se trata también de un efecto psicológico, pues la forma de la mano abierta, con sólo un pequeño porcentaje de su superficie oculta, genera la impresión de que la mano está vacía. La posición sugerida por Burling Hull, la cual retiene la bola entre los dedos medio y anular (*figura 8*) es un poco más limitada que el Harada Grip, pues se debe ocultar una porción mayor de la mano con el pañuelo, para que se de la ilusión de que está vacía.

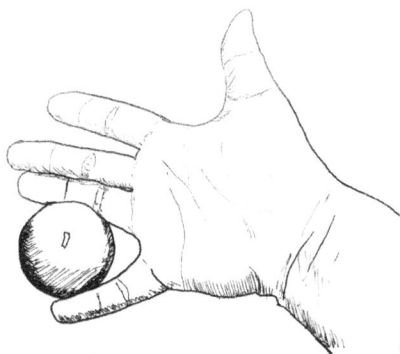 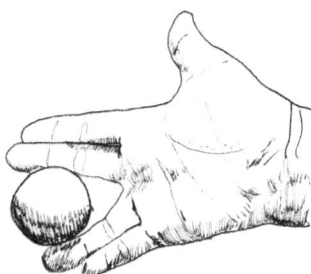

7. 8.

Esta técnica exige entrenamiento y fortalecimiento de la musculatura a ser utilizada por los dedos. Aconsejo no sólo girar una bola entre los dedos, sino también practicar esta retención por un largo tiempo hasta que la mano se sienta cómoda al punto de poder mover los dedos y articulaciones sin dejar caer la bola. No es una posición agradable, pero el esfuerzo en dominarla es recompensado por la fuerza del efecto.

Mostrando el pañuelo y las manos vacías:
Con la bola oculta en la mano derecha, en la posición de cupping o el empalme que le sea más conveniente, abra el pañuelo y tómelo por las puntas, pinzándolo entre los dedos índice y medio de ambas manos (cf. *figura 1*). Cuando el pañuelo esté extendido, transfiera la bola a la posición de Harada Grip, como muestra la *figura 9*. Observe nuevamente con atención la *figura 1* para tener una noción de cómo el público percibe la acción. Las palmas de ambas manos se reflejan y están a la vista del público, mientras la bola está oculta detrás del pañuelo. El extremo del pañuelo debe cubrir lo suficiente de la mano izquierda para que no se vea la bola y no debe traspasar el límite máximo en el que la palma de la mano se hace visible al espectador.

Cruce los brazos con la intención de mostrar el otro lado del pañuelo, asumiendo la posición de la *figura 10*. Mucho cuidado en este momento para que la bola no se vea. Estudie el movimiento en un espejo cuidando este detalle.

9.   10.

Vuelva a la posición inicial (*figura* 3) y sople el centro del pañuelo con el fin de mostrar su ligereza. Es importante que toda su atención esté en el pañuelo y en la ligereza del pañuelo, de ninguna forma en las manos. Usted está mostrando un pañuelo vacío y no las manos vacías. Más aún, el espectador no sabe qué irá a pasar, por lo tanto sería ilógico y hasta estúpido enfatizar las manos de cualquier manera, pues eso denunciaría inmediatamente el secreto. Piense sólo en el pañuelo, pues el modo en que está estructurada esa enseñada da como cierto y evidente al espectador que ambas manos están vacías. Además, tener cargada una bola de billar entre los dedos meñique y anular jamás pasaría por la mente de un espectador avezado. Por lo tanto siga el consejo de Al Baker:¡"no corra si no lo están persiguiendo"!

Cubriendo la palma de la mano derecha con el pañuelo:
Hecha la enseñada, mantenga tomado el pañuelo por la punta con la mano izquierda y suelte la punta de la mano derecha, llevándola inmediatamente por debajo del pañuelo, a fin de cubrirla como en la *figura* 5. Cuando suelte la punta del pañuelo, se debe, durante el movimiento de colocar la mano derecha bajo el pañuelo, transferir la bola a la posición de empalme clásico. Los dedos deben estar bien extendidos como en las figuras *11 y 13*.
Al cubrir la mano con el pañuelo en esta posición, algo curioso pasa: La concavidad de la mano con la bola en posición de empalme clásico es imperceptible. El pañuelo está tenso al estar

apoyado en las puntas de los dedos, dando la ilusión de que la palma de la mano está extendida y vacía. Observe la *figura 5*. Para reforzar la ilusión acerque la mano izquierda totalmente abierta y estirada sobre la mano derecha y golpee algunas veces sobre esta como muestran las figuras *11* y *12* (obviamente las figuras muestran la posición de las manos sin el pañuelo cubriendo la mano derecha). Esto causará la impresión mental en el espectador de que ambas manos están estiradas, o sea, en la misma posición. Esto se debe en parte a un factor psicológico, pues el espectador presupone que ambas manos están en la misma posición y por lo tanto, vacías. Eso se da también gracias a un curioso principio anatómico de las manos, completamente ignorado por el espectador: la distancia entre la punta de los dedos de una mano estirada y de una mano realizando un empalme clásico con dedos extendidos es la misma. Vea en la *figura 12* que realmente ocurre.

 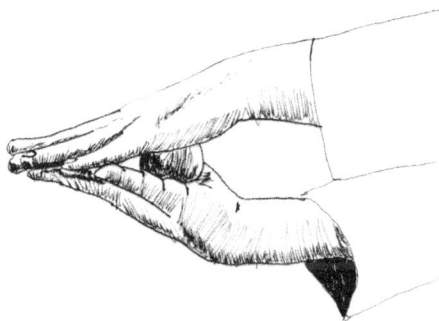

11.   12.

Aparición de la bola:

Ahora basta sostener nuevamente el pañuelo por la punta más próxima a cuerpo con la mano izquierda y asumir nuevamente la posición de la *figura 5*. Sople sobre el pañuelo extendido sobre la palma de la mano derecha y, lentamente, sin mover la punta de los dedos del lugar, comience a subir sólo la palma de la mano como muestran las *figuras 13* y *14*. La punta de los dedos deben permanecer inmóviles en un punto fijo en el aire, para que la ilusión del crecimiento gradual de la bola sea perfecta. Realice el movimiento lentamente mientras sopla el pañuelo e imagine que está inflando un globo. La impresión del espectador será de que la bola crece lentamente bajo el pañuelo. Al terminar el movimiento, manteniendo la mano inmóvil, doble un poco los dedos hacia adelante para que la bola gire en la palma hacia el centro de los dedos, como muestra la *figura 15*. Esto completará la ilusión de que la bola terminó su proceso de crecimiento.

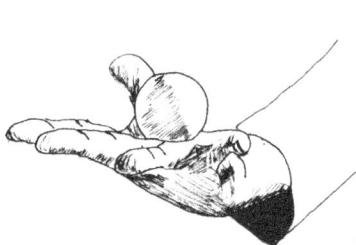

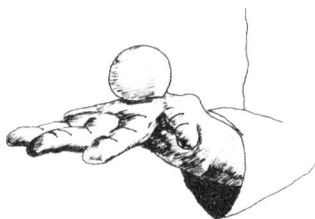

13.   14.

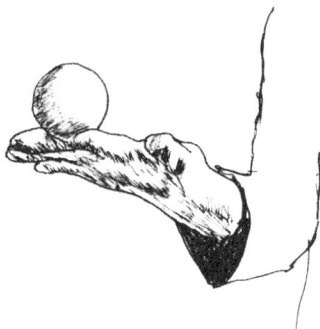

15.

    Tire el pañuelo hacia abajo para revelar la bola. El pañuelo no debe ser retirado por encima sino por abajo, pues de ese modo, el pañuelo deslizará sobre la bola y el espectador no perderá el contacto visual con ella. Su forma permanecerá visible hasta el instante de la revelación. Si es retirado por encima, el efecto pierde mucha de su eficacia, pues todo el suspense creado hasta ahora será quebrado en un instante que el espectador perderá por completo el contacto visual con el objeto que apareció.

    Al mostrar la bola en la posición de la *figura 15*, suéltela en la mesa o en el piso, para que el público escuche el sonido de la bola de billar. Este detalle es de suma importancia, pues la imposibilidad del efecto es reafirmada por la solidez, peso y realidad de la bola. En caso contrario, el espectador puede imaginar que se trata de una bola de espuma, goma o incluso un globo. El sonido seco y contundente de la bola al chocar con el piso marcará un punto final para el efecto.

XX

Vernon Vanish Variation

Efecto

El mago cubre una bola de billar con un pañuelo de seda de modo que la forma de la bola permanece visible bajo el pañuelo en todo momento. Al soltar la bola, esta desaparece bajo el pañuelo como si se disolviese en el aire.

Ejecución

El efecto original puede encontrarse en la página 206 del libro *The Dai Vernon Book of Magic*. Originalmente el efecto es parte de la cuarta fase de la rutina de cono y bola descrita por Vernon en ese mismo libro. Considerado por muchos como una de las más bellas desapariciones de una bola que haya sido creada, tanto el efecto como la técnica para ejecutarlo confirman una vez más la genialidad de Vernon.

Me atrevo aquí a presentar una variante de la técnica para la realización del mismo efecto, sin la pretensión de substituir o bien de presentarla como superior a la versión de Vernon.

Se trata sólo de una adaptación a la que tuve que someter a la técnica original a fin de adecuarla a mi modo personal de presentación y de movimiento. Mi gestualidad es muy distinta de la de Vernon, a quien la técnica original que le queda como anillo al dedo. Por lo tanto tuve que hacer adaptaciones para que los movimientos continuasen naturales y no desentonasen con el momento del efecto. Vamos a la técnica:

Sostenga la bola apoyándola en la punta de los dedos de la mano derecha, como muestra la *figura 1*, sosteniendo al mismo tiempo el pañuelo con la mano izquierda por una de sus puntas.

Cubra la bola de modo que esta esté al centro del pañuelo como en la *figura 2*. Mantenga la bola en la punta de los dedos, en la misma posición anterior, para que su forma permanezca visible bajo el pañuelo.

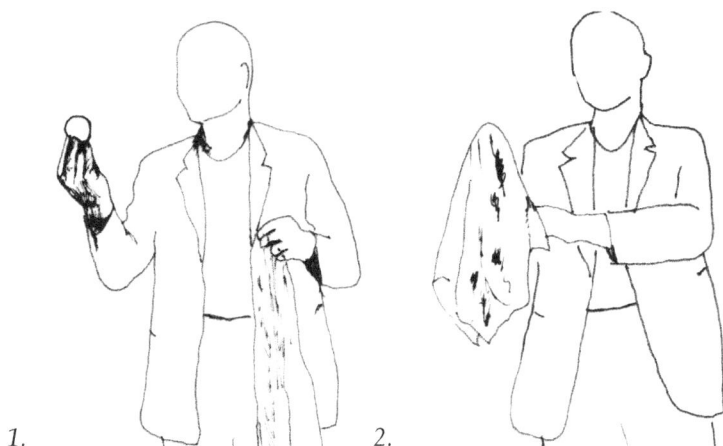

1.   2.

Al arreglar el pañuelo, presione discretamente con el índice de la mano izquierda el pañuelo entre la bola de billar y el pulgar derecho para formar un pequeño "valle", como se muestra en la *figura 3*. Se trata de una técnica clásica de Nelson Downs para hacer las monedas atraviesen un pañuelo.

Mire a un espectador de la primera fila y reaccione como si estuviese desconfiado. Muéstrele nuevamente la bola bajo el pañuelo. Para eso, tome la punta "A" (*figura 4*) – la punta que está al frente de todo el conjunto – y muestre la bola como muestra la *figura 4*. Junte la punta A con la punta "B" – la punta que está descansando por sobre el antebrazo – y júntelas hacia adelante, cubriendo nuevamente la bola, sin soltar el pañuelo que está apoyado por el pulgar derecho y por la bola (*figura 5*). La bola estará semi-cubierta (*figura 6*) y libre para la realización de la maniobra secreta.

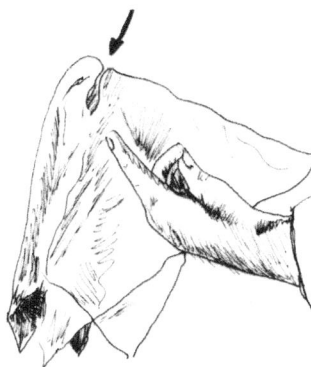

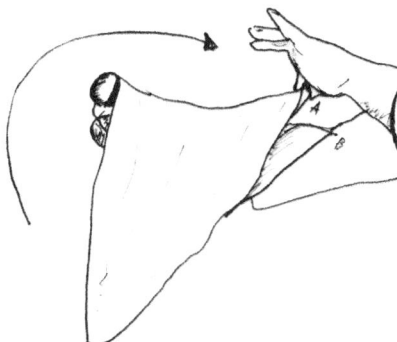

3.   4.

5.   6.

Tome la bola y el pañuelo por un momento con la mano izquierda y sosténgala con la mano derecha cerrada alrededor del pañuelo bajo la bola, como muestra la *figura 7*. Con la mano izquierda, gire la bola en el pañuelo, para aparentemente tomarla. Al girar la bola en el pañuelo, cubra la superficie descubierta de la bola con la palma de la mano izquierda durante la acción de torcer, a fin de ocultar la superficie de la bola.

Sostenga la bola entre las puntas del índice y pulgar de la mano izquierda, como muestra la *figura 8*. El índice sostendrá el pañuelo y el pulgar debe estar en contacto directo con la bola. Suelte el pañuelo de la mano derecha y déjelo desenrollarse por sí solo hasta el final. Cuando termine de desenrollarse, agarre con el índice y el dedo medio de la mano derecha cualquiera de las puntas del pañuelo (*figura 9*) y posicione la mano derecha para recibir la bola en empalme Tenkai, como muestra la *figura 10*.

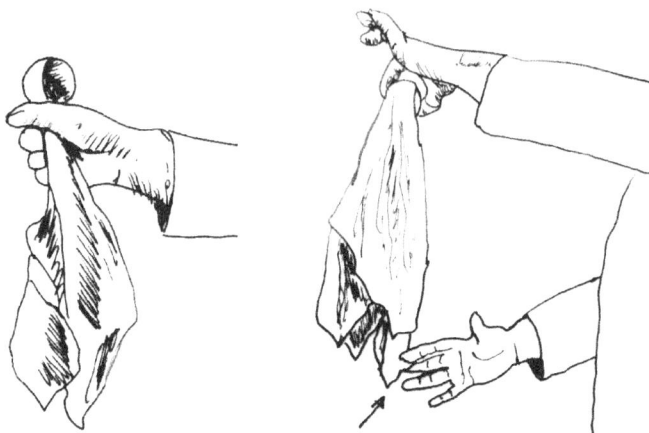

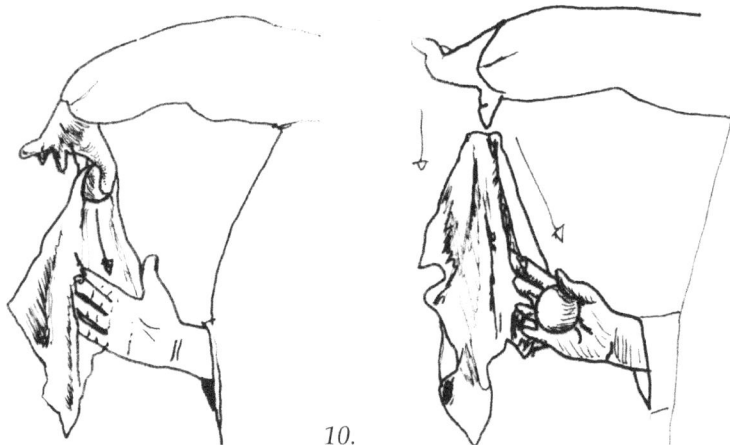

7.

8.

9.

10.

Suelte la bola y el pañuelo y déjela caer en la palma de la mano derecha, reteniéndola en empalme Tenkai (*figuras 10 y 11*). Al soltar la bola, esta caerá más rápido que el pañuelo. Este, por su peso y por la resistencia del aire demorará más en caer y todavía mantendrá durante algunas milésimas de segundo la forma de la bola en el aire. Esto dará al espectador la impresión de que la bola se disolvió en el aire, en plena caída.

Cuando suelte el pañuelo mantenga inmóvil la mano derecha asegurándolo por su punta de forma natural y despreocupada (*figura 12*). La mirada debe acompañar el pañuelo durante la caída de la bola. Es importante que la atención esté en el pañuelo y en buscar la bola desaparecida; jamás en las manos.

Para realizar la limpieza final – es una solución opcional – utilice el *servante* de faja. Después de realizar la desaparición y habiendo asumido la posición de la *figura 11*, lleve la palma de la mano izquierda por detrás del pañuelo en un movimiento ascendente, deslizando el pañuelo entre esta y el pulgar como muestra la *figura 12*. Observe que durante el movimiento, la mano derecha, que tira el pañuelo para abajo, pasa cerca del *servante*. Cuando llegue a la posición de la *figura 12*, basta soltar la bola al interior del *servante*. Al completar el movimiento de pasar el pañuelo por la palma de la mano derecha, láncelo al aire y muestre ambas manos vacías, como muestra la *figura 12*.

En caso de no contar con un *servante*, puede utilizarse un *topit* o simplemente transferir la bola de una mano a otra mostrando el pañuelo (técnica que puede ser estudiada en el libro de Vernon). Al final, basta empalmar la bola y utilizar el pañuelo como cobertura para descartarla en algún lugar.

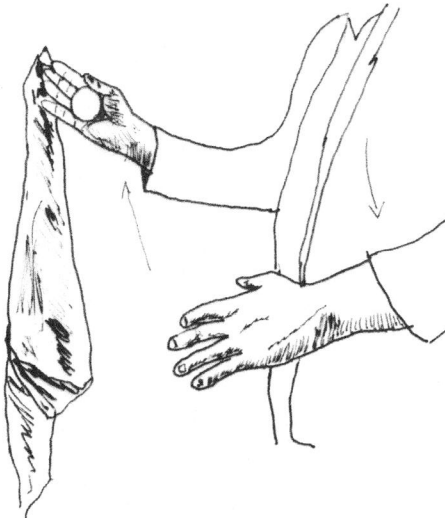

11.

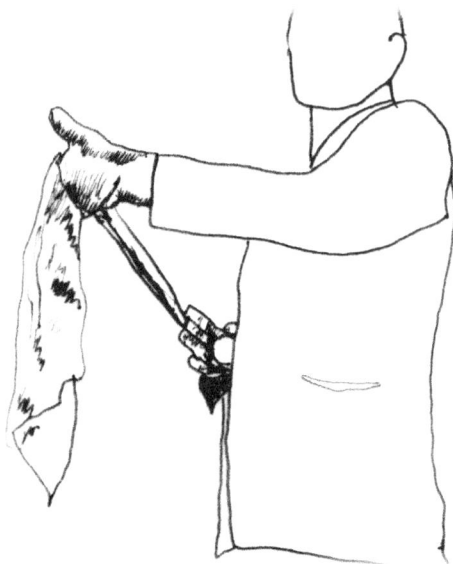

12.

13.

XXI

Leipzig Drop Variation

Este efecto es una variante del "Leipzig Drop", una técnica para hacer que desaparezca una bola de billar, cuya invención es atribuida a Nate Leipzig. Popularizado al inicio del siglo XX por Arnold de Biere y por el propio Leipzig, el pase fue publicado por primera vez en 1955, en la revista *"The New Phoenix"*, por Roy Benson, que era alumno de Leipzig. Más tarde el mismo pase fue publicado bajo el título de *"Ball Vanish"* en *"Dai Vernon's Tribute to Nate Leipzig"*, de Lewis Ganson, en 1963. La técnica en cuestión dio origen al famoso *"Vernon Wand Spin"* que a su vez deriva de un pase de Silent Mora, el cual puede ser considerado como una modernización del *"Leipzig Drop"* original. Para estudiar el pase original, como también los detalles de su historia, recomiendo la lectura del capítulo 21 de *"Roy Benson by Starlight"* de Levent[13].

Elaboré esta variante por considerar al pase demasiado evidente, en función de la composición de los movimientos involucrados, y por juzgar que el uso de un accesorio – como una varita en el caso del "Vernon Wand Spin" o un abanico en el caso de Silent Mora – no son suficientes para cubrir el paradero real de la bola. La nueva disposición de los movimientos y el uso de un pañuelo en lugar de una varita, dieron origen a esta variante que presento a continuación.

Efecto

La bola de billar desaparece en las manos del mago.

---

[13] LEVENT, KARR Todd. *Roy Benson by Starlight*. EEUU. Miracle Factory, 2006.

Material

Un pañuelo de 60 x 60 cm y una bola de billar.

Ejecución

En la posición inicial el ejecutante está con el pañuelo apoyado sobre el pliegue del brazo izquierdo y la bola equilibrada en la punta de los dedos de la mano derecha, como muestra la *figura 1*. La mano izquierda se abre y toma la bola en la mano derecha como se ve en la *figura 2*. En este instante, la mano derecha cerrada se aleja, realizando un movimiento ascendente indicado por la flecha en la *figura 3*. Se trata de una pista falsa dada al espectador, para hacerle pensar que el mago hizo una falsa transferencia. La verdad es que el ejecutante realmente toma la bola con la mano izquierda, sólo que simula retenerla en su interior, apoyándola con la punta de los dedos medio y anular por fuera de la mano, como muestra la *figura 4*. Esta posición permite soltar la bola sin que haya movimiento alguno de abrir y cerrar la mano izquieda, que denunciaría el secreto de la desaparición. La *figura 5* muestra la posición del punto de vista del espectador.

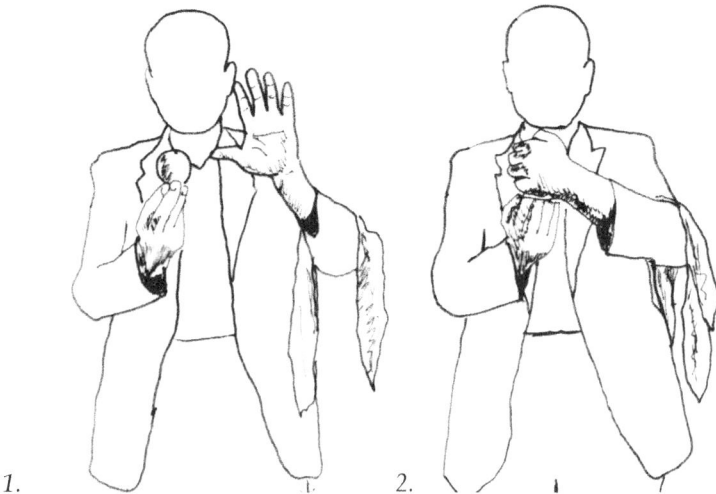

1.   2.

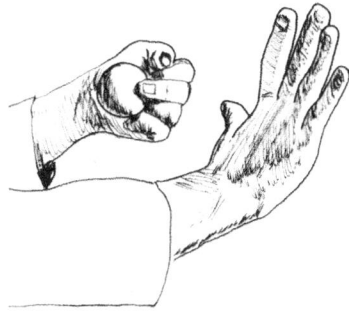

3.

4.

5.

Después de realizar la transferencia, mire a los espectadores y muestra la mano derecha vacía (*figura 5*), probando que el movimiento sospechoso no pasó de ser un engaño. Inmediatamente después de mostrar la mano, dirija su mirada y su atención a la bola que está en la mano izquierda, llevándola ligeramente hacia adelante, mientras da un leve giro de cuerpo a la izquierda, acompañando el movimiento del brazo (*figura 6*). Simultáneamente, la mano derecha, que estaba abierta en la posición de la *figura 5*, pasa por detrás del brazo izquierdo, con el fin de tomar el pañuelo apoyado sobre este, como muestra la *figura 6*.

La mano derecha debe mantenerse abierta al buscar el pañuelo y debe girar por el eje de la muñeca, dejando la palma hacia arriba durante el movimiento. En el instante en que pase por detrás de la mano izquierda y por debajo de la bola, la mano izquierda debe simplemente soltar la presión de la punta de los dedos y dejar caer la bola sobre la palma de la mano derecha, más precisamente sobre las falanges de los dedos de esta mano. Observe la trayectoria de la mano en la *figura 7*. Observe que, a diferencia del original de Leipzig, en el cual la mano derecha realiza un arco descendente que acompaña la caída de la bola de manera muy llamativa a los ojos del público, en esta versión el movimiento está oculto por el brazo izquierdo y también está justificado por la acción natural de buscar el pañuelo apoyado sobre el brazo.

6.

7.

El movimiento debe ser contínuo, fluido y sin dudar. Entre el punto inicial, en el cual la mano derecha está abierta y el punto final en el cual esta toma el pañuelo, no debe haber pausa alguna, sino un movimiento rápido y contínuo, que exigirá una cantidad considerable de práctica del ejecutante en caso que ejecute esta técnica.

Después de tomar secretamente la bola tome el pañuelo aproximadamente a unos 10 cm de su punta y tírelo en la dirección indicada por la flecha en la *figura 8*, mientras la mano derecha, todavía cerrada simulando contener la bola, realiza un movimiento curvo ascendente, indicado por la flecha en la misma figura. El codo del brazo izquierdo se mantiene fijo en el mismo lugar, siendo el eje del movimiento. Este movimiento está justificado por la acción de llevar la bola más cerca de la vista del mago, mientras que el pañuelo será usado para realizar el gesto mágico que causará la desaparición de la bola. Observe que el cuerpo realiza un leve giro en su propio eje, regresando a la posición frontal en relación al público. Todos estos movimientos son realizados simultáneamente, pues para el público, la sumatoria de estos movimientos resulta en una única acción: la del gesto mágico que causará la desaparición de la bola.

El gesto mágico consiste en "azotar" la parte posterior de la mano izquierda con el pañuelo, que sería el equivalente de tocarlo con una varita. Al tirar el pañuelo apoyado en el brazo izquierdo, golpee una vez la mano izquierda con la punta del pañuelo, manteniendo al mismo tiempo una distancia considerable entre las manos, como muestra la *figura 9*. Recuerde que la bola está oculta en la mano derecha, o sea, la mano que sostiene el pañuelo.

8.

9.

10.

Al realizar el gesto, haga una pausa antes de abrir la mano, para sentir la desaparición de la bola. Esto es importante pues aumenta la claridad del efecto y no confunde la fase expositiva – abrir la mano para probar que la bola desapareció – con el gesto mágico. En caso que el ejecutante abra la mano en el instante en que golpea el pañuelo, el efecto pierde potencia y se aproxima a una simple floritura. Por lo tanto, después de sentir que la bola desapareció de su interior, abra la mano (*figura 10*) y pruebe al espectador que la bola realmente desapareció.

XXII

Bola que se reduce

Efecto

Una bola de billar se reduce de tamaño dos veces entre las manos del prestigitador.

Material

El mismo set preparado de bolas de madera, utilizado en el capítulo XII "Transposición gradual de una bola": una bola pequeña de 30 mm; otra de 40 mm y otra de 54 mm con un agujero.

Ejecución

Comience con la bola mediana oculta en la mano derecha, en empalme Tenkai, como muestran las *figuras 1 y 2*. Sobre la mano izquierda extendida, con la bola pequeña encajada y girada hacia usted, muestre la bola grande (*figura 2*). La bola pequeña está posicionada sobre las falanges proximales de los dedos meñique y anular de la mano izquierda, pronta a ser empalmada con el empalme de los dedos (*figura 2*).

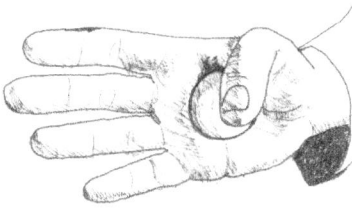
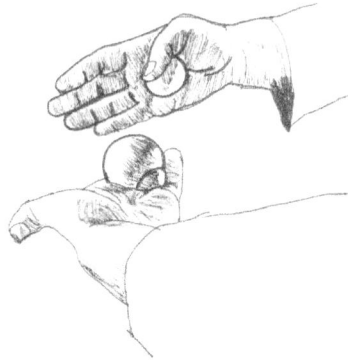

1.   2.

Falsa retención cruzada:

La mano derecha, manteniendo la bola media en el empalme, simula tomar la bola grande. Este movimiento cruzado de tomar la bola debe describir un ángulo de 45° en relación al público, pasando por el frente de la mano izquierda de modo de ocultarla con el antebrazo (*figura 5*). La mano izquierda permanece en el mismo lugar, realizando sólo un giro de puño, de modo que esta quede con el dorso girada hacia el público. Cuando realice el giro de puño de la mano izquierda, posicione la bola grande en empalme Tenkai, separándola de la bola pequeña, que será retenida en empalme de dedos, sobre la falange proximal de los dedos anular y meñique, como muestra la *figura 3*.

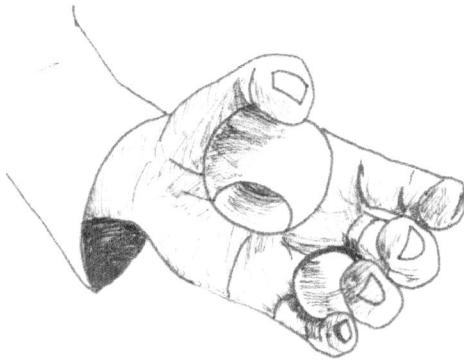

3.

Esa acción secreta realizada por la mano izquierda debe estar en sincronía con la acción de la mano derecha de "tomar" la bola.

La mano derecha simula tomar la bola en un movimiento contínuo hacia el frente, cubriendo la visión de la mano izquierda. Esta, a su vez, realiza la maniobra secreta descrita encima. Observe las posiciones y la trayectoria de las manos en las *figuras* 4 *y* 5.

4.   5.

Al realizar la falsa retención, apriete la bola media con la mano derecha, como si estuviese aplastando la bola grande (*figura* 5). Después de presionar, abra la mano y revele la bola media, como en la *figura* 6. Mantenga ambas manos en la misma posición en relación al cuerpo y extienda la mano derecha con la palma hacia arriba con el fin de mostrar la bola un poco más pequeña.

Cierre nuevamente la mano derecha y apriete nuevamente la bola (*figura* 6). Al apretar la bola, posiciónela al interior de la mano próxima a la base del pulgar, preparándola para el empalme Tenkai. Esta acción de apretar la bola es el gesto mágico para que esta se encoja una vez más.

6.

7.

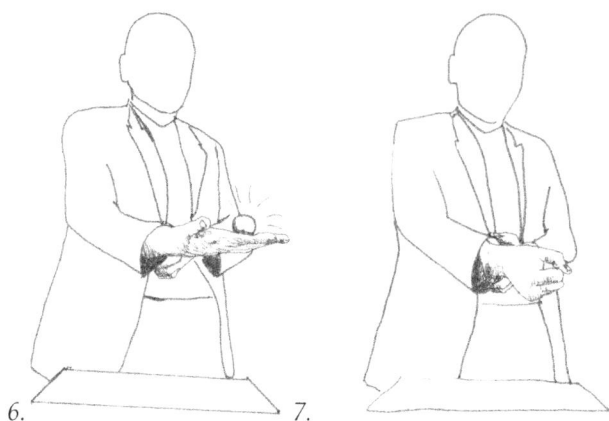

Luego de apretar la bola mediana, abra la mano derecha palma hacia abajo, manteniendo la misma bola empalmada. Simultáneamente, suelte la bola pequeña empalmada en los dedos de la mano izquierda, dando la ilusión de que esta cayó de la mano derecha como muestra la *figura 8*. Al girar y abrir la mano derecha, la bola mediana quedará retenida en el empalme Tenkai (*figura 9*). La caída de la bola pequeña debe estar en perfecta sincronía con la apertura de la mano derecha.

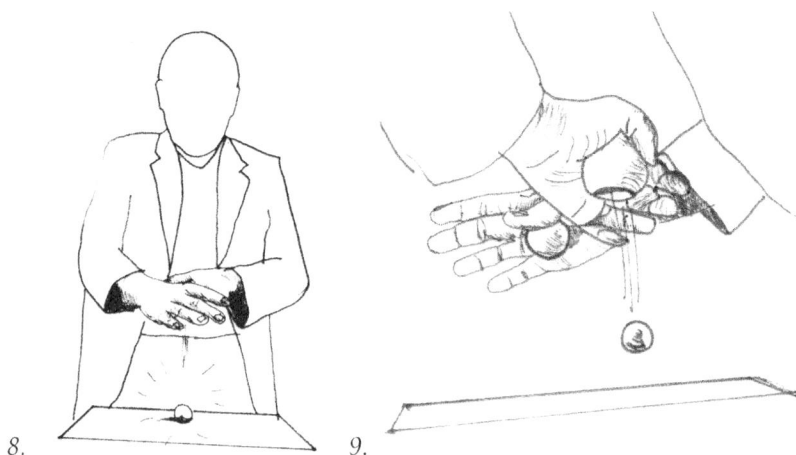

8.

9.

Cuando caiga la bola, simplemente mantenga la bola grande y la bola media ocultas en la posición de empalme Tenkai con los dedos extendidos (*figura 10*). Apoye las manos sobre el borde de la mesa y coloque su atención sobre la bola pequeña. Para descargar ambas, basta soltarlas, si hubiera un *servante* oculto detrás de la mesa. La atención del espectador estará en la bola pequeña.

10.

Observaciones finales:

Este pase es muy rápido y no dura más de 8 segundos. Debe ser ejecutado de forma fluida y natural, sin dudas o pausas innecesarias. La construcción del efecto y la complejidad de elementos utilizados en un corto espacio de tiempo son suficientes para despistar al espectador del verdadero método.

También es de suma importancia la acción de apretar la bola entre una transformación y otra, pues esta acción es el gesto mágico, o sea la causa de la disminución de la bola. Sin el gesto mágico, el efecto se torna ilegible e incomprensible.

XXIII

Principios y fundamentos de una Rutina

La palabra *rutina* proviene del francés *routine*, que significa "camino trillado, curso habitual de acción". Esta, a su vez, deriva de *route*, "ruta", del Latín *rupta*, "camino roto, abierto a la fuerza", y de *rumpere*, "quebrar, romper", una referencia al acto de abrir vias y caminos, tal como hacían los romanos. Por lo tanto, la rutina trae consigo no sólo el sentido corriente de repetición, sino también el de un camino determinado, trillado habitualmente.

En el arte mágico el término *rutina* designa una secuencia encadenada de efectos mágicos. A diferencia del efecto mágico singular, centrado en un único acontecimiento imposible, la rutina implica la ocurrencia de más de un efecto mágico, los cuales inciden generalmente sobre un único elemento central. Las rutinas de aros chinos, de cubiletes, de manipulación de cartas y, obviamente, de cono y bola, son ejemplos que confirman esta definición. Una rutina puede ser la repetición insistente de un mismo efecto, como la rutina de agua y aceite de René Lavand (*No se puede hacer más lento*), o puede ser la repetición de un único tipo de efecto que incide sobre objetos distintos, como por ejemplo, en una demostración de telequinesis, en la que el mago mueve objetos heterogéneos a distancia. Sea cual sea su tipología, la rutina implica una sucesión de más de un acontecimiento imposible que involucra uno o más objetos, en una duración de tiempo dada.

Distingo aquí *rutina* de *acto*, aunque la palabra rutina también sea aplicada a un *acto* de uso corriente en nuestro vocabulario profesional. También el concepto de rutina, tal como entiendo aquí, coincide perfectamente con el de acto, pues este no deja de

153

ser una rutina, por ser una secuencia encadenada de efectos mágicos, presentada habitualmente por el profesional que la ejecuta. Sin embargo, a fines de claridad y entendimiento, distingo el concepto de rutina del de acto pues este último puede ser una secuencia encadenada de rutinas. Un acto engloba más de una rutina. El acto de Cardini por ejemplo, está compuesto de tres rutinas principales: la manipulación de cartas, bolas y cigarrillos. Estas a su vez están conectadas por medio de efectos individuales menores.[14]

Como toda composición artística, la elaboración de una rutina debe presuponer tres elementos esenciales: *unidad, armonía* y *claridad*. Son estos tres principios de belleza, sin los cuales no hay obra de arte, ni goce ni mucho menos inteligibilidad.

Los tres principios están ligados a la propia constitución del objeto artístico: es un todo, compuesto de partes que están armónicamente ordenadas para un fin estético. El principio, está presente en toda y cualquier forma de arte y también se aplica integralmente en el arte mágico, particularmente en lo que concierne a la composición de una rutina.

Veamos lo que Aristóteles nos enseña sobre el concepto de totalidad en la estructura del mito trágico:

> "Todo" es aquello que tiene principio, medio y fin. "Principio" es aquello que en sí mismo no es sino lo sigue necesariamente otra cosa, y que, por el contrario, tiene después algo con lo que estará necesariamente unido. "Fin", a la inversa, es lo que naturalmente sucede a otra cosa, por necesidad o porque así ocurre en la mayoría de los casos, y que, después de sí, nada tiene. "Medio" es lo que está después de alguna cosa y tiene otra después de sí.[15]

Cualquier rutina posee necesariamente un principio, un medio y un fin. Esa es una condición inescapable de todo arte

---

[14] Para un estudio en profundidad del acto de Cardini, recomiendo el libro de John Fisher *"Cardini, The Suave Deceiver"*. Rico en detalles e informaciones inéditas, el libro es una fuente preciosa de información para quien estudia o se dedica al arte de la manipulación.

[15] Aristóteles: *Poética VII*, 1450b26.

temporal. Para nuestro beneficio, dividamos la rutina en estas tres partes y analicemos sus necesidades e implicancias.

Principio: presentación

El principio de cualquier rutina tiene por finalidad ambientar y situar al espectador. Antes del primer efecto es necesario presentar los elementos involucrados, los efectos que sucederán, las condiciones en las cuales ocurrirán y quien las realizará[16]. El principio sitúa al espectador en el juego propuesto por el mago y debe despertar interés y curiosidad en el público, con el fin de que este le acompañe hasta el final de la rutina. Por lo tanto, el efecto que abre una rutina debe cumplir esa función.

Tanto mi rutina como la de Vernon, comienzan por presentar los elementos a ser utilizados – cono, pañuelo y varita – y un efecto de apertura, que es la producción de la bola. La bola es la protagonista de la rutina, pues los efectos mágicos ocurren a esta, mientras que los otros elementos no son más que accesorios. La presentación de los elementos luego de la aparición de la bola sitúan al espectador en la rutina. El público aprende tres cosas de una sola vez: que se trata de un mago, que el elemento principal es la bola y la naturaleza de los efectos que serán presentados, o sea, apariciones, desapariciones, transposiciones. El hecho de que el primer efecto sea una aparición ya crea una cierta expectativa y anticipación en la mente del espectador sobre la naturaleza de los efectos probables que sucederán. Si una bola aparece de forma imposible, ciertamente el mago será capaz de hacerla desaparecer, reaparecer, etc.

El principio de la rutina no termina hasta que todos los objetos involucrados se presenten y sus respectivas funciones estén claras o al menos sugeridas. El espectador sólo se sitúa completamente cuando ocurre el primer efecto que involucran el cono y la bola. Este primer efecto es conocido como efecto de apertura (en inglés "*Opener*").

Fred Kaps inicia su rutina de cono y bola con la transformación de una pompa de jabón en una burbuja de cristal. Vernon produce la bola de un pañuelo que se muestra completamente vacío. Cardini abre su rutina de manipulación con

---

[16] Principalmente cuando se trata de un acto completo.

la producción de una bola en el aire, en medio de una nube de humo proveniente de su cigarrillo. Estos son ejemplos de rutinas que comienzan directamente con un efecto mágico. Otras rutinas, como la Multiplicación de Bolas de Roy Benson, pueden comenzar simplemente presentando el objeto a ser utilizado. Benson comienza su rutina con dos bolas de billar y el primer efecto es la transposición de una bola de una mano a otra. Tanto en este caso como en los anteriores, el principio de la rutina sólo concluye después de la realización del primer efecto y no antes.

Es como pasa en una obra de teatro. El primer acto no debe solamente presentar los personajes, el ambiente y la situación, sino que también debe obligatoriamente contener el *"incidente incitante"* o sea, la situación dramática que dispara el conflicto central de la obra. Este incidente es el acontecimiento que lanza al protagonista en su viaje hacia el *clímax* del drama, que no es más que la resolución final del conflicto iniciado en el *incidente incitante*. El destino final de su viaje es el climax, o sea, el giro final e irreversible: el bueno vence al malo, el chico conquista a la chica, el joven alcanza la madurez, el héroe vence al antagonista y se encuentra con su destino. Nada de eso puede ocurrir sin que haya un evento que desequilibre la vida del personaje y le haga elegir, queriendo restablecer el equilibrio de su existencia. Si ese evento – el *incidente incitante*- no ocurre al *principio* de la historia, o sea, en el primer acto, difícilmente el espectador seguirá atento al desarrollo de la historia.

Lo mismo se da en la rutina. El incidente incitante de una rutina es el *primer efecto*. Por esa razón, el primer efecto de una rutina debe de ser claro, fuerte y debe sintetizar la naturaleza de los efectos que se sucederán en las fases siguientes. Estos deben situar al espectador y despertar su interés. El *principio* define sobre lo que se trata la rutina. En el caso de la rutina del cono y bola, el espectador debe saber: "es una bola que aparece y desaparece de forma imposible bajo un cono". Esta es la idea governante del acto y es lo que el espectador recordará posteriormente.

Medio: desarrollo

El *medio* o *desarrollo* de la rutina sería el equivalente al plato principal de una comida. En él se localiza la verdadera substancia de la rutina. Después del principio, teniéndose establecida la naturaleza de los efectos para el espectador, se abre el espacio para las progresiones, variantes, quiebres y sorpresas. En esta fase, las expectativas generadas al principio deben ser correspondidas por el mago, pues de lo contrario, su rutina ciertamente fracasará. En una buena rutina, o sea, en una rutina exitosa, los efectos no deben sólo satisfacer la curiosidad suscitada por el público, más bien debe superarla, sorprendiendo al espectador en todo momento ofreciéndole paso a paso un efecto más poderoso que el anterior.

El desarrollo no es sólo una sucesión aleatoria de efectos, sino que debe ser un encadenamiento y una progresión en dirección a un climax. Un efecto debe llevar a otro, o sea, ser desencadenado por el anterior. El espectador es llevado por la estructura de una rutina como en una montaña rusa, pasando por distintas emociones, con distintas intensidades a lo largo del camino, sin salirse de los rieles. Aquí nuevamente recuerdo el principio de la armonía: el encadenamiento requiere lógica, naturalidad y sentido. El público tiene un don innato para percibir la incongruencia y el despropósito. Un efecto desproporcionado, fuera de lugar o disonante salta a la vista del espectador inmediatamente, causándole rechazo. Como una nota desafinada en una canción, un efecto gratuito puede hacer perder la atención del espectador inmediatamente, y esto es la última cosa que queremos.

Variedad y relación

La repetición también puede ser una trampa. "Variedad" es la palabra clave en esta fase. Este es un principio sin el cual se instaura el tedio. Observe rutinas estructuradas con un patrón repetitivo, como la carta ambiciosa, o *"Las migas"* de Lavand. Aunque son construidas a partir de la repetición de un mismo efecto, en cada repetición hay necesariamente una variante, ya sea en el modo de presentar, el ritmo, el grado de dificultad o cualquier otro aspecto del que se compone la rutina. Por lo tanto, el principio de variedad no necesita recaer sólo en los efectos, sino que puede incidir sobre los demás elementos constitutivos de la rutina. La riqueza de la rutina se expresa cualitativamente a través de la variedad en su construcción.

Al presentar la rutina de cono y bola de Dai Vernon, tal como está descrita en el *"Dai Vernon Book of Magic"* percibí que el público reaccionaba con mayor intensidad cuando la bola cambiaba de color en el medio de la rutina. Este efecto puede ser considerado como el más fuerte en la rutina de Vernon, ¿pero por qué? En primer lugar, se trata de un cambio de color, que en relación a una desaparición o aparición, es considerado un efecto más débil, pues es sólo un cambio en la cualidad de la bola – de blanca a roja – y no es de substancia ni estado (v.gr. la bola está, y después no está más). En segundo lugar, se trata de un efecto que causa sorpresa, pues el cambio de color es totalmente inesperado. Como ya sabemos, los efectos que involucran sorpresa son inferiores en potencia a los efectos en los cuales se crea expectativa en el público. Cuando hay una promesa que algo imposible irá a ocurrir con determinado objeto, el público se crea una fuerte expectativa en relación al efecto prometido y, en caso de que el mago cumpla su promesa, el efecto es arrebatador. Ya una sorpresa, por ser inesperada, provoca una emoción mágica solamente después que el efecto ha ocurrido, al contrario de los efectos con expectativas en los cuales la emoción del espectador es trabajada desde la fase expositiva y se extiende también a la fase corroborativa, o sea, después del efecto. Entonces, ¿cómo es posible que este cambio de color en la rutina de Vernon sea el efecto más fuerte entre los demás?

La respuesta es simple: en cada repetición de un efecto de la misma naturaleza, tal efecto pierde potencia en la progresión de una rutina. Las desapariciones y reapariciones de la bola blanca bajo el cono en la rutina de Vernon, por más que sean bien ejecutadas, después de la segunda repetición, ya son esperadas por el espectador. El cambio de color causa impacto por romper la estabilidad de la rutina e incluir una novedad en el encadenamiento de los acontecimientos. Podemos concluir que el orden y la construcción de una rutina pueden inclusive alterar el valor y la potencia de un efecto, ampliando o disminuyendo su impacto, independiente de su valor intrínseco aislado. Siendo así, una rutina con cinco efectos aislados impactantes por sí mismos pueden convertirse en monótonos, mientras que una rutina bien encadenada compuesta de efectos medios y un efecto final impactante puede ser no sólo agradable, sino más memorable.

Progresión

Robert-Houdin en sus memorias ya recordaba el principio de progresión al decir que un espetáculo debe ser ordenado siguiendo el criterio *"de plus en plus fort"*, o sea, un espectáculo debe progresar, de efecto a efecto, en un *crescendo* de fuerza y potencia hasta llegar a su clímax, que consiste en el mejor y más potente de todos los efectos. La experiencia dice que este es el camino más seguro para no perder al espectador, aunque puedan haber excepciones, que a fin de cuentas confirman la regla. Algunos magos confunden esta regla aplicándola a aspectos accidentales o materiales de una rutina, como la cantidad y el tamaño de objetos producidos, con el ritmo creciente o bien la laboriosidad interna de un efecto, cuando lo correcto es tener en cuenta la potencia y el impacto que la *imposibilidad del efecto* causa en el espectador. Terminar una rutina de manipulación de pipas produciendo una pipa gigante puede ser un anti-clímax, mientras que terminarla con una desaparición clara, limpia, imposible y inextricable de una sola pipa puede ser un final avasallador. Si el fin último de cualquier efecto mágico es producir la ilusión de imposibilidad, es el impacto de la imposibilidad y no el tamaño o la cantidad de objetos lo que determina la progresión de efectos.

Cantidad

Otro punto importante a ser considerado es la cantidad de efectos que componen el desarrollo de una rutina. La vieja regla conocida por todos de que *"menos es más"* también cobra fuerza en lo que concierne a la composición de una rutina. Me recuerdo que a los 14 años de edad estudiaba actos de magos que admiraba, anotando la cantidad de efectos realizados en relación a la duración de sus presentaciones. Mi gusto era inclinado hacia los actos de manipulación y magia general extremadamente dinámicos, los cuales causaban gran impacto en mi percepción juvenil. ¡Muchos de aquellos actos realizaban la proeza de ejecutar cerca de veinte a treinta efectos en aproximadamente cinco minutos! Siguiendo esos modelos, mis actos de juventud obedecían el mismo patrón. Pero algo me incomodaba: a pesar de la reacción inmediata a la cadena ininterrumpida de efectos mágicos que yo realizaba, el público, luego de la presentación no recordaban más de un efecto, incluso limitándose a elogiar aspectos meramente externos de la rutina. Comentaban "¡Qué hábil!", "¡Qué bien se viste!", "¡Muy interesante!", pero eran incapaces de relatar lo que habían visto.

¿Eran mis efectos insignificantes? ¿Estaría ejecutándolos mal? La madurez siempre trae consigo un poco de sabiduría. Me di cuenta que todo mi esfuerzo como mago sería en vano si las personas no recordasen los efectos. Al descubrir el trabajo de algunos maestros, finalmente encontré la solución al problema: había demasiada cantidad de efectos en relación al tiempo que disponía para presentarlos. Al reducir la cantidad de efectos en la rutina parecía finalmente respirar. Podía dar énfasis al valor debido a cada uno de ellos, explorando al máximo la fase expositiva, el gesto mágico y la fase de corroboración. El público no sólo pasaba a disfrutar más de cada uno de los efectos sino que también era capaz de describirlos después de la presentación. Percibí finalmente que al reducir la cantidad de efectos les daba la posibilidad de expandir al máximo su potencial. La economía de efectos nos obliga a trabajar sobre la calidad de cada uno. Más vale una rutina con tres efectos memorables por su calidad que una rutina con treinta que caerá en el olvido inmediatamente después de su ejecución. Le garantizo que la cantidad de trabajo empleado tanto en una como en otra es lo mismo, pero sólo la primera trae resultados plenamente satisfactorios al mago y al espectador.

Economía

El principio de la economía no recae solamente en los efectos, sino en la totalidad de la composición de una rutina. Esta es responsable directo por su fluidez. Jacques Lecoq, el pedagogo teatral más influyente de la segunda mitad del siglo XX, enseñaba a sus alumnos, el respeto por el tratamiento corporal, o principio de *economía de movimiento*. Primero, los alumnos debían hacer una acción, como sostener un bastón invisible con ambas manos, y simplemente cambiar de posición el bastón, girándolo de la posición vertical a horizontal varias veces. Este gesto simple, después de un primer acercamiento intuitivo, era analizado minuciosamente, de modo de eliminar cualquier gesto innecesario, haciéndolo lo más natural posible. Para eso era empleado el principio de la economía: al eliminar todo lo que sea ilógico y no natural, usamos sólo los movimientos absolutamente necesarios para realizar la acción. El gesto de girar el bastón, que antes era caótico e ininteligible, al pasar por este proceso de eliminación de los excesos, se torna claro y legible para el espectador. El mismo principio puede ser aplicado en la composición de la rutina.

Para eso siempre pregúntese: ¿qué puedo eliminar? ¿qué sería natural que ocurriera en el paso siguiente? Cuando por ejemplo ejecuto el efecto *"Transposición invisible de una bola"* en la cual la bola desaparece bajo el cono sobre la mesa y reaparece sobre la palma de mi mano izquierda, automáticamente, la bola termina en la posición exacta para ejecutar el *"Pase básico de Vernon"*. La varita es colocada bajo la axila izquierda, para que la mano derecha pueda tomar el cono sobre la mesa. La propia varita, en esta posición servirá como cobertura para el empalme subsecuente de la bola... Un gesto lleva necesariamente a otro, sin haber acciones innecesarias que interrumpan el flujo de los acontecimientos. Eso produce una sensación de limpieza y fluidez, pues las pausas innecesarias y gestos excedentes fueron eliminadas por la aplicación del *principio de economía*. El secreto está en la observación atenta de los gestos y de los efectos en el acto de obedecer humildemente las necesidades impuestas por el propio efecto. Deje a sus propias ideas de lado y siga lo que el efecto sugiere: es así que el principio de economía se aplica a la rutina.

Finalmente, el medio de la rutina es el desarrollo de la substancia. El *principio* generó expectativa; en el *desarrollo* satisfacemos las expectativas del público. Sin embargo, con la *progresión*, superamos las expectativas del espectador con cada efecto, sorprendiéndolo y ofreciéndole más de lo que esperaba. Este es el secreto de una buena rutina, pues *el espectador espera lo inesperado*. Un buen artista consigue siempre superar las expectativas del público ofreciéndole algo nuevo dentro del cuadro de referencias que este posee. Recuerde la fórmula de progresión: *Expectativa* + *Superación de la Expectativa* = *Espectador Satisfecho.*

Clímax y Final

Si toda rutina es la progresión en el tiempo, deducimos lógicamente el principio sabido de todos los magos, músicos, dramaturgos y artistas desde tiempos inmemoriales: *lo mejor es para el final.* El espectador nos da un tiempo precioso de su existencia, al prestar atención a lo que tenemos para ofrecerle. Este, con razón, consideraría una pérdida de tiempo ver que hiciésemos un buen efecto de inicio y terminásemos con otro inferior. Eso sería frustrar al espectador y llevarlo a la conclusión inevitable: perdí mi tiempo.

El final de la rutina debe ser la coronación del tiempo compartido con el espectador. Este lo acompañó hasta el final, y es bueno que ese final sea significativo y lo suficientemente hermoso para que la performance haya valido la pena. Un acto o rutina, a fin de cuentas, es un viaje en el cual el espectador, como un peregrino, es guiado por el mago hasta a su destino final, destino que debe causar maravilla, asombro, satisfacción y un momento de alegría en el espectador. Incluso en las tragedias más terribles, con los finales más aterradores, el espectador siente esta misma alegría de haber sido llevado a los límites de la experiencia humana por medio del arte. Así también debe ser el acto o rutina del mago. El espectador tiene un objetivo inconsciente, que fue despertado al inicio de la rutina, cuyo efecto inicial genera una vaga impresión de que sea el destino de la jornada. Si el mago lleva al espectador a este final, por un camino plagado de maravillas y sorpresas, la función de nuestra arte habrá sido cumplida.

El clímax es el destino final, el cumplimiento de la promesa hecha con el efecto inicial. Del primer efecto al clímax podemos trazar una línea, que da unidad a toda la rutina. Podemos llamar a esta línea contínua como el *"Arco de la rutina"*. El arco de la rutina es el recurso por el cual el espectador es llevado a las ultimas consecuencias, hasta el efecto en el cual nada más se puede hacer. Durante el efecto clímax, idealmente, el espectador sabe inmediatamente que es el final, mas allá del cual no se puede ultrapasar. Digo idealmente pues no en todas las rutinas se puede llegar a ese límite, pero es un objetivo a ser perseguido por cualquier artista mágico. En caso que se llegue a esta meta el espectador se dará por satisfecho y dirá "¡esto es!"

Siendo así, no es preciso de más argumentos para probar que lo mejor es para el final.

El clímax no es necesariamente el último efecto. El efecto más potente puede ser el penúltimo. El último efecto puede ser sólo la conclusión lógica de la rutina, o una especie de "*encore*", bis o epílogo. Después de haber satisfecho los deseos del espectador en relación a la potencia de los efectos presentados, que progresaron en *crescendo*, el efecto final puede ser un acontecimiento que marca el final de la rutina, dando al espectador una especie de placer intelectual. Este placer es lo que Aristóteles llama el *reconocimiento* de la tragedia, donde el espectador, al juntar las pistas e informaciones dadas durante el juego, atestigua intelectualmente la convergencia de todas estas en un sólo evento, que cierra el arco de la historia. Generalmente las rutinas con estructuras circulares, cuyo último efecto recuerda lo primero, consiguen producir ese tipo de reacción.

Consideraciones finales: claridad y significado

En cada paso de una rutina debemos hacernos dos preguntas. La primera es "*¿de qué se trata?*". La conciencia del significado de cada efecto individualmente y de este en relación al todo, es la clave para el éxito de cualquier rutina. El mago debe saber de qué se trata cada efecto con la máxima claridad posible pues, si fuera así, también será para el espectador. ¿El efecto que hago es una desaparición, transposición, aparición o transformación? Si no soy capaz de responder, tampoco el espectador lo hará.

Uno de los problemas que enfrentamos al ejecutar la rutina de cono y bola de Dai Vernon es que el modo como esta fue estructurada toma poco en cuenta la naturaleza de cada efecto. Acabamos por admirar el flujo de acontecimientos que la mente es capaz de acompañar, aunque sentimos que algo le falta a la rutina. La mente del espectador debe acompañar la rutina paso a paso, esa es la razón por la que disfrutará los efectos. Creo que la versión de Daniel Celma, la cual utilizaba una copa de vino en vez de un cono, había resuelto esta debilidad presente en la rutina original de Vernon, pues Celma estaba consciente en todo momento de la naturaleza de cada efecto. Al cubrir la copa vacía con un pañuelo, miraba a una bola invisible en el aire, gesticulaba como si tomase esa bola y la lanzase al interior de la copa cubierta con el pañuelo, materializándola. Al entender lo que sucede de forma invisible a los ojos del espectador y darse cuenta del gesto magico acorde a la situación, el efecto se torna claro y transparente. En la rutina de Vernon, por no registrar el sentido de cada efecto y, consecuentemente, no marcar los gestos mágicos, sólo percibimos apariciones y desapariciones de la bola en varios lugares de forma aparentemente aleatoria confusa. Al respondernos a nosotros mismos la pregunta "¿de qué se trata este efecto?" obtendremos la claridad necesaria para un alcance preciso y justo frente al espectador.

La segunda pregunta es: "¿y qué?". Su respuesta está en el propio efecto. El efecto debe ser relevante por sí mismo y su valor intrínseco es el criterio por el cual lo dejamos o descartamos en una rutina. Un efecto no debe ser amado por el ejecutante por su belleza interna, por la dificultad de su técnica o por el esfuerzo gastado por el performer para crearlo. Debe ser apreciado por aquello que es, del punto de vista del espectador: un acontecimiento imposible. Al saber de qué trata el efecto escogido, podemos jugar con su relevancia en relación a los otros o a la totalidad de la rutina. Como se dice al inicio de este capítulo, la armonía es el segundo principio de la belleza. La armonía no es más que la proporción y relación de las partes, dentro de un todo. Todo lo que es excesivo, irrelevante y disonante debe ser eliminado. Al preguntar "¿y qué?" en el fondo queremos saber si el efecto es absolutamente necesario en la rutina en relación a los otros efectos, si agrega algo a la progresión de los acontecimientos y si mágicamente agrega algo al espectador. Si no cumple ninguno de los tres requisitos, córtelo sin dolor ni piedad.

Al saber el por qué del significado del efecto en medio de una rutina, el ejecutante dará el énfasis correcto en cada momento, creando una conexión empática invisible con el espectador, que a su vez lo acompañará hasta el fin de la rutina sin distraerse. Lo que es importante para el mago será importante para el espectador y este es el secreto para captar su atención o mantener su interés.

Ejemplos de rutinas con los efectos de este libro

Cierro aquí el estudio del presente libro con algunos ejemplos de estructuras de rutinas de cono y bola, con los pases y técnicas expuestos en este libro. Las listas tienen sólo el título de cada efecto o técnica, remitiendo al lector directamente a los capítulos con el mismo nombre.

La composición de una rutina debe ser trabajada y estudiada siguiendo el método de prueba y error. Escriba el título de cada efecto en pequeñas tarjetas o bien saque fotos de cada momento de la rutina, a fin de ordenarlas sobre una mesa. Experimente con este orden y luego reordene de otras maneras hasta encontrar la más apropiada. Una rutina bien construida fluye de un efecto a otro tanto en su aspecto visible (vida externa del juego) como también en su vida interna, o sea, en la técnica secreta. Observe si hay variantes, si los efectos no son demasiado repetitivos, si hay una progresión y si los efectos fluyen de uno a otro con naturalidad. Pero no vea esto en su imaginación ordenando las tarjetas sino cuando ejecute la rutina de principio a fin. Las tarjetas son una guía provisoria para probar la rutina. Usted percibirá que la propia rutina ganará de a poco su propia voz, imponiendo sus necesidades. La función del creador es dejarse llevar por su obra en proceso de gestación, obedeciendo humildemente a sus necesidades, como un navegador se mueve a tierras desconocidas.

No creamos nada. En el arte el acto de crear es el acto de descubrir lo que ya existía en potencia, pero que ninguno tuvo el coraje suficiente de hacer este viaje hasta el final.

Rutina de salón

1. Producción gradual Harada;
2. Transposición invisible de una bola;
3. Desaparición de una bola con ayuda de una varita;
4. Reaparición de la bola en el bolsillo de la chaqueta;
5. Penetración de la bola por la parte superior (carga secreta con Harada Holder);

6. Transposición perfecta (Desaparición perfecta con la varita + aparición de la bola bajo el cono sobre la mesa);
7. Desaparicion bajo el cono con ayuda de una varita (Pase basico de Vernon con varita + servante de bolsillo).

Mi versión de la rutina de Vernon

1. Producción de una bola en el pañuelo;
2. Pase clásico de Vernon con el pañuelo sobre la palma de la mano
3. Reaparición de la bola en el bolsillo derecho del chaleco;
4. Bola bajo el interior a la parte superior del cono;
5. Transposición de la bola del bolsillo del chaleco al cono;
6. Desaparición de la bola bajo el cono
7. Reaparición en el bolso pectoral izquierdo del chaleco;
8. Cambio de color de la bola;
9. Segundo cambio de color, volviendo al color original;
10. Desaparición usando el Vernon Vanish Variation
11. Reaparición de la bola bajo el cono en reposo sobre la mesa
12. Desaparición "perfecta" versión I

Escamoteur: rutina de mi acto de escenário

1. Producción gradual de una bola;
2. Transposición invisibe de una bola;
3. Desaparición de una bola con ayuda de una varita;
4. Reaparición de la bola en un pañuelo;
5. Cambio de color gradual;
6. Cambio de color bajo el cono sobre la mesa;
7. Penetración de la bola por la parte superior;
8. Transposición perfecta (Desaparición perfecta con la varita y carga secreta con Harada Holder);

9. Desaparición bajo e cono con ayuda de una varita (+ servante de bolsillo).

Al lector que siguió este estudio hasta aquí, ¡mi más sincero agradecimiento y mis deseos de buena suerte! Espero que el contenido de este pequeño libro les inspire a crear y desarrollar sus propias rutinas usando estos elementos tan simples y visuales.

Ricardo Harada, febrero de 2016

XIV

Bibliografía y referencias externas

Sobre el Cono y la Bola

APARICIO, Miguel, *"Variaciones del Cono y la Bola"* in, GEA, Miguel Angel; LUQUE, Juan Gallego. *La Magia Española del siglo XX"*. Madrid, s/d. p. 187-199.

BEN, David. *Dai Vernon: a Biography – Artist, Magician, Muse.* | *1894-1941*, p. 263-298.

GANSON, Lewis. *"The Dai Vernon Book of Magic"*, p. 197-207 .

_____: *"Magia de Cerca Vol 2"*. Edicions Marré, Barcelona, 1972, p.137.

GAULTIER, Camille: *La prestidigitation sans appareils.* Librarie Émile Nourry, 1914.

HULL, Burling: *Sleights.* American Magic Corporation, 1914, p. 15-19

RISER, Harry: *"Secrets of an Escamoteur"*. Hermetic Press, 2006, p. 154-164.

LEVENT y KARR, Todd: Roy Benson by Starlight. Miracle Factory, 2006.

STONE, Tom: *"Vortex"*. Hermetic Press, 2010 p. 141-156

VERNON, Dai: "The Sphinx, Vol.50, No. 5, July 1951, p. 154-155.

_____: *"Genii"*, Vol.11, No. 11, July 1947, p.340-341.

TAMARIZ, Juan: "Magicolor: Magia del cambio de color". Ediciones Marré, p 30-33.

TARBELL, Harlan: Tarbell Course in Magic, Vol. 6, p 17- 31.

DVD y VHS

Vernon Revelations vol.10. L&L Publishing.
The Very Best of Flip vol. 6. Flip. L&L Publishing.
Aldo Colombini. "Cone-tact" (vhs).
The invisible Hand: The hold out Magic by Michel. Vernet Magic, 2008.

Performances

Dai Vernon: Joyas de la Magia – Dai Vernon:
https://www.youtube.com/watch?v=Wi3arSpZCo4
Fred Kaps: *Seeing is believing!* (DVD)
Daniel Celma: *Homenaje a Daniel Celma :*
https://www.youtube.com/watch?v=KZzotrwIdD8

Referencias bibliográficas

ARISTÓTELES. *Poética.* Trad., comentários e índices analíticos e onomástico de Eudoro de Souza. São Paulo: Nova Cultural, 1987. (Coleção Os Pensadores, Vol. II)

ASCANIO, Arturo de, ETCHEVERRY, Jesús. *La magia de Ascanio vol.1.* Madrid, Páginas. 324p.

ELLIOT, T. S. *Ensaios.* São Paulo: Art Editora, 1989. 256p.

FISHER, John. *Cardini: The Souave Deceiver.* USA: Miracle Factory, 2007. 572 p.

GANSON, Lewis. *The annotated magic of Slydini.* Tahoma: L&L Publishing, 2001. 297p.

_____. *The Dai Vernon Book of Magic.* Tahoma: L&L Publishing, 1994. 239p.

GAULTIER, Camille. *La prestidigitation sans appareils.* Paris: Emile Nourry, 1914.

HOFFMAN, Professor. *Later Magic.* London: Routledge, 1904. 299p.

LECOQ, Jacques. *O Corpo Poético: uma pedagogia da criação teatral*. São Paulo: Editora Senac São Paulo: Ediçoes Sesc SP, 2010. 239p.

ROBERT-HOUDIN, Jean Eugéne. *Confidences d´un prestidigitateur*. Paris: Éditions Stock, 1995. 651p.

_____. *Essential Jean Robert-Houdin*. Los Angeles: Miracle Factory, 2006. 664 p.

TAMARIZ, Juan. *Los cinco puntos mágicos*. Madrid: Editorial Frakson, 2005, 109 p.

WONDER, Tommy e MINCH, Stephen. *El Libro de Las Maravillas I*. Madrid: Páginas, 2002.

_____. *El libro de Las Maravillas II*. Madrid: Páginas, 2003.

Made in United States
Orlando, FL
03 June 2025